CATALOGUE

DES

OSITIONS ASTRONOMIQUES

ADMISES PROVISOIREMENT

PAR LE

SERVICE GÉOGRAPHIQUE DE L'A. E. F.

PARIS

Augustin CHALLAMEL, Éditeur

Rue Jacob, 17

Librairie maritime et coloniale

1911

CATALOGUE

DES

OSITIONS ASTRONOMIQUES

ADMISES PROVISOIREMENT

PAR LE

SERVICE GÉOGRAPHIQUE DE L'A. E. F.

PARIS

Augustin CHALLAMEL, Éditeur

Rue Jacob, 17

Librairie maritime et coloniale

1911

NOTE
AU SUJET DES POSITIONS ASTRONOMIQUES

ADMISES PROVISOIREMENT

PAR LE SERVICE GÉOGRAPHIQUE DE L'AFRIQUE ÉQUATORIALE FRANÇAISE.

Il y a peu de nos colonies où l'on ait déterminé un aussi grand nombre de positions astronomiques que dans l'ancien Congo français.

Malheureusement aucune idée directrice n'a présidé à ces déterminations faites sans plan d'ensemble et exécutées avec des instruments très divers. La majeure partie des données recueillies l'ont été en cours de missions chargées de fixer ou d'aborner les frontières de notre colonie : missions de délimitation Franco-Belge (ROUVIER, 1885-86), Franco-Portugaise (BLIN 1894, DUJOUR 1901), Franco-Allemande (CUREAU 1901-02), MICHEL (1906-07), DARDIGNAC, MAILLES, GEORG (1906-07), Franco-Anglaise (TILHO 1903-04), TILHO, AUDOUIN, VIGNON, LAUZANNE (1907-08), mission d'abornement Franco-Allemande (PÉRIQUET 1908-09). Un certain nombre d'autres positions nous ont été fournies par des explorateurs : AYMÈS (1867), BRAZZA (1875-94), BALLAY (1875-86), MIZON (1881-92), DOLISIE (1885-88), LAUZIÈRE (1890), HUSSON (1891), GENTIL (1893-97), DYÈ (1896-98), FOUREAU (1899-1900), DELVOYE (1903-04), PERIQUET (1906-07) ou par des missions ayant pour but de reconnaître les limites de diverses Sociétés concessionnaires : BRUEL (1906-08), DUJOUR (1907-08) ou bien encore par des officiers et des fonctionnaires se déplaçant dans l'intérieur des régions où ils étaient en service : CUREAU (1892-99), BRUEL (1896-1904).

Seule la mission GENDRON (1899) avait été organisée spécialement pour faire une étude géographique et géodésique, mais les événements survenus au Chari amenèrent sa prompte dissolution, si bien que seuls les lieutenants JOBIT et LARROUY ont pu faire quelques observations.

Ces diverses raisons expliquent la répartition fort peu uniforme des positions déterminées et leur peu d'homogénéité. En effet, dans la Haute-Sanga, dans le bassin du Chari et du Tchad, le long de l'Oubangui et du Mbomou, le réseau qu'elles forment est très serré, alors que dans presque toutes les autres parties de l'Afrique Équatoriale Française les mailles de ce réseau sont fort lâches. D'un autre côté, les instruments et les méthodes employées pour observer ayant été très divers, la précision des observations est fort variable. Certaines latitudes sont exactes à la seconde d'arc près, d'autres à une ou deux minutes, et pour les longitudes les erreurs probables sont toujours bien plus grandes.

Il nous a paru que le premier devoir du Service Géographique de l'Afrique Équatoriale Française était d'utiliser tous ces documents et de rendre un légitime hommage à ceux qui ont été les ouvriers de la première heure. Le meilleur moyen de remplir ce devoir n'était-il pas de coordonner les résultats que nous possédions en vue d'une publication d'ensemble destinée à fournir l'ossature des cartes provisoires de notre colonie? Malheureusement un grand nombre d'observations faites par P. SAVORGNAN DE BRAZZA, par son frère JACQUES, par le Dr BALLAY, par DOLISIE, par TABURET, etc., dorment ignorées dans des archives publiques ou privées. Nous regrettons d'autant plus de ne pouvoir publier leurs positions, que certaines d'entre elles ont été faites dans des zones peu connues, où les itinéraires flottent beaucoup parce qu'on ne peut les encadrer entre des positions astronomiques.

Un certain nombre d'observateurs ont pu déterminer des positions absolues par occultation (spécialement dans la zone située au Nord du 4° de latitude Nord, où de belles nuits permettent d'observer facilement pendant plusieurs mois par an), et d'autres par des hauteurs égales de lune et d'étoiles observées soit au théodolite, soit à l'astrolabe à prisme, ce qui fait que, sans compter les positions absolues déterminées par la dernière mission TILHO, nous possédons 48 longitudes absolues.

Certaines d'entre elles sont très exactes. Nous devons citer : Kouki déterminé par le capitaine PERIQUET au moyen de 7 occultations; Brazzaville où nous avons 2 occultations du Dr CUREAU, 3 occultations du capitaine PERIQUET et une série de hauteurs égales de lune et d'étoiles observées à l'astrolabe à prisme par M. MICHEL, ZEMIO, DEM ZIBER, DJÉMA déterminées chacun par 3 occultations du Dr CUREAU, pendant que Bomassa résulte de 80 hauteurs de lune et

d'étoiles observées au théodolite (Dʳ Cureau) et que la station du 15°
Est de Greenwich a été déterminée par la même méthode au moyen
de 70 pointés.

Presque toutes les autres longitudes ont été obtenues par des
transports de temps, dont certains en circuits fermés de courte durée,
faits avec un nombre de montres très variable. Nous avons essayé
de les faire cadrer avec les longitudes absolues déterminées souvent
à des époques postérieures. Dans la majorité des cas nous n'avions
que les résultats bruts, ce qui ne nous a pas permis d'obtenir le
maximum de précision.

Après cet exposé, on comprendra que les positions admises provisoirement diffèrent souvent de façon très sensible de celles publiées
par les observateurs eux-mêmes. Nous avons souvent manqué des
éléments permettant de discuter très sérieusement les résultats
connus, aussi nous sommes loin d'avoir fait un travail définitif. Mais,
la science ne procède-t-elle pas par approximations successives?
Nous n'avons eu qu'un but, fusionner ensemble une série de résultats
partiels de façon à avoir un tout aussi homogène que possible.

Ceux qui désireraient avoir des détails et connaître les documents
que nous avons utilisés n'auront qu'à s'adresser au Service Géographique de l'Afrique Équatoriale Française qui se fera un plaisir de
les renseigner.

Certaines observations, notamment celles de du Chaillu, de
Walker, de Pleigneur, de Husson, du capitaine Roche ont été
écartées, car elles paraissent par trop douteuses.

Nous donnons les altitudes des points déterminés, chaque fois
que les observateurs ont publié ces altitudes. Beaucoup d'entre
elles peuvent être considérées comme exactes à 20 mètres près. Par
suite, elles peuvent servir de base ou de repères pour les nivellements
barométriques déjà exécutés ou pour ceux que l'on fera dans
l'avenir.

Toutes les déclinaisons ont été ramenées au 1ᵉʳ janvier 1908 de
façon à être comparables à celles publiées par la mission Tilho.

Il résulte de nos observations combinées avec celles de Rouvier et
de Lauzière que la déclinaison a diminué annuellement en moyenne
de :

   — 8'18'' à Brazzaville (période de 21 ans).
   — 4'26'' à Ndjolé (période de 21 ans).
   — 8'13'' à Bangui (période de 17 ans).

Nous avons donc admis pour faire nos réductions que la déclinaison variait annuellement dans le Bas-Ogoué de — 5′ par an et dans l'intérieur (Congo et bassin du Tchad) de — 8′.

Brazzaville, le 25 mai 1910.

L'Administrateur des Colonies,
Chef du Service Géographique de l'A. E. F.

G. BRUEL.

LISTE
DES POSITIONS ASTRONOMIQUES

Points d'Observation	Latitude	Longitude	Altitude en mètres	Déclinaison	Noms des Observateurs	Observations
Abba (poste)	+ 5° 19' 38"	12° 51' 00"	775		Mailles-Périquet.	
Abié	+ 1° 04' 54"	16° 02' 22"	407		Dujour.	
Abira	+ 4° 07' 49"	20° 00' 41"			Dyé.	
Akar an Djork	+ 1° 11' 19"	10° 15' 27"	438		Dujour.	
Akendji	+ 5° 37' 01"	16° 28' 10"	569		Bruel.	
Akinda	— 1° 52' 00"	9° 40' 37"			Jobit.	
Akohomibang	+ 1° 59' 23"	»	610		Fœrster.	
Akok	+ 1° 55' 50"	»	600		Michel.	
Akong (anc. factorerie)	+ 2° 31' 22"	»	490		Michel.	
Akoninji	+ 2° 12' 21"	»	580		Michel.	
Akoto	+ 6° 00' 17"	16° 09' 33"	563		Bruel.	
Akou	— 1° 39' 50"	12° 03' 01"	600		Rouvier.	
Aïna (camp rive dr.)	+ 2° 14' 28"	»	530		Michel.	
Aladji	+ 5° 20' 52"	12° 15'			Mailles.	
Alarmaké (mission catholique)	+ 0° 01' 15"	8° 13' 00"	40	13° 19'	Michel.	Haut.de Lune (M.).
Alati (camp ouest du village)	+ 2° 08' 22"	»	525		Michel.	
Alembé (factorerie)	— 0° 06' 02"	8° 35' 53"	»	13° 11'	Du Paty de Clam, Bruel.	
Ali	+ 5° 06' 03"	22° 10' 31"	580		Cureau.	
Alima (bouche, point A)	— 1° 33' 00"	14° 21' 00"			Rouvier.	
Allaïrou (centre)	+ 13° 03' 51"	11° 09' 38"			Mission Tilho.	
Aloumbo	— 3° 25' 27"	»			Mizon.	
Am Raya (410ᵐ S., 50° W. du puits le plus au N.)	+ 14° 08' 06"	14° 11' 27"	256	8° 03'	Mission Tilho.	
Andjiani (village)	— 1° 28' 00"	»			Mizon.	
Andou	+ 5° 08' 04"	»	450		Bruel.	
Angouma	+ 0° 56' 29"	9° 53' 43"	406		Dujour.	
Aouni (centre poste)	+ 12° 57' 06"	14° 26' 41"	284		Mission Tilho.	
Aourak (puits)	+ 14° 52' 45"	14° 14' 37"	256	7° 56'	Mission Tilho.	
Apindji (ancien poste)	— 0° 04' 40"	8° 52' 10"			Rouvier.	
Arégué (puits)	+ 13° 28' 21"	10° 59' 49"			Mission Tilho.	
Arégué (près du lac)	+ 13° 25' 42"	11° 00' 18"			Foureau.	
Arkoullou (150ᵐ au N. 21° W. du puits)	+ 13° 54' 15"	13° 33' 17"	254		Mission Tilho.	
Attaque (plateau de)	+ 6° 58' 30"	15° 03' 15"	527		Périquet.	
Atchangui	— 2° 44' 39"	»			Mizon.	
Ayerin	+ 1° 28' 15"	9° 05' 55"	625	12° 28'	Michel.	
Azangouanda	+ 5° 30' 46"	16° 49' 32"			Bruel.	
Azombé	+ 1° 02' 16"	9° 02' 45"	506		Dujour.	
Baba (factorerie)	+ 4° 50' 44"	15° 52' 57"	438		Bruel.	
Babokho	+ 4° 34' 37"	13° 48' 15"			Périquet.	
Baboua (factorerie)	+ 5° 47' 00"	12° 30' 52"	1.035		Mailles.	
Bada	+ 5° 13' 01"	17° 19' 23"	440		Bruel.	
Badanga	+ 6° 53' 02"	»	546		Bruel.	
Badingou	+ 4° 24' 12"	16° 03' 37"			Bruel.	
Badeil	+ 8° 33' 21"	13° 19' 55"			Georg.	
Bafio	+ 4° 34' 00"	13° 27' 00"			Périquet.	
Baga (signal)	+ 13° 07' 18"	11° 31' 47"	244		Mission Tilho.	
Bagari	+ 5° 20' 45"	12° 25' 55"			Périquet.	
Baghem	+ 6° 36' 05"	14° 21' 00"			Périquet.	
Baïbokoun	+ 7° 15' 15"	13° 20' 56"	477		Périquet, Mailles.	Occult. (P.)
Bakari	+ 5° 25' 45"	23° 03' 05"	630		Cureau, Dyé.	
Bakassy (camp)	+ 9° 02' 58"	14° 08' 58"	387		Mailles.	
Bakissa I	+ 5° 00' 00"	13° 21' 30"			Périquet.	

Points d'Observation	Latitude	Longitude	Altitude en mètres	Déclinaison	Noms des Observateurs	Observations
Bakissa II	+ 5° 05' 50"	13° 28' 30"			Périquet.	
Bakobo (borne sur route Vokodouma).	+ 3° 29' 03"	13° 06' 47"			Périquet.	
Bakoumbo	+ 5° 57' 36"	12° 58' 30"	987		Périquet.	
Bakourou	+ 6° 27' 33"	14° 25' 30"			Périquet.	
Balakri (Sombro-Confluent)	+ 7° 00' 09"	»	460		Bruel.	
Balalène	+ 0° 53' 27"	8° 59' 00"			Dujour.	
Balao	»	17° 42' 06"	440		Bruel.	
Balla	— 1° 14' 45"	»		11° 43'	Mizon.	
Balouba	+ 7° 27' 54"	17° 51' 56"	720		Bruel.	
Bamingui (près Badia)	+ 7° 33' 41"	17° 16' 54"	413		Bruel.	
Bandero (village)	»	16° 07' 07"			Bruel.	
Bandi (Sommet coude de la rivière S. Village)	+ 13° 30' 35"	10° 36' 38"			Mission Tilho.	
Bandja	+ 3° 34' 20"	13° 21' 37"			Périquet.	
Bandja (borne)	+ 3° 27' 34"	13° 07' 58"			Périquet.	
Bandougou (Moï)	»	21° 10' 31"			Bruel.	
Bangassou	+ 4° 43' 24"	20° 27' 11"	516		Cureau, Dyé.	Haut de Lune (C.)
Bangou (puits)	+ 13° 57' 42"	10° 45' 19"			Mission Tilho.	
Bangoran I (Camp du 24 févr. 1903)	+ 8° 36' 06"	17° 28' 12"			Bruel.	
Bangoran II (1904)	+ 8° 25' 05"	17° 39' 20"			Bruel.	
Bangoul	+ 8° 37' 41"	15° 01' 26"			Bruel, Périquet.	Occult. (P.)
Bangui	+ 4° 21' 23"	16° 15' 04"	353	8° 32'	Dyé, Bruel.	
Bangui (embouchure de la)	+ 4° 25' 00"	18° 39' 27"			Dyé.	
Bania	+ 3° 59' 44"	13° 47' 32"			Brazza, Dardignac, Périquet, Fœrster.	Occult. (D.). Haut de Lune (B.).
Banza Balla	— 4° 37' 52"	12° 04' 03"	658	13° 57'	Bruel.	

Points d'Observation	Latitude	Longitude	Altitude en mètres	Déclinaison	Noms des Observateurs	Observations
Baouar	+ 6° 15' 12"	12° 41' 40"			Périquet, Dardignac.	
Bari (embouchure dans Mbomou)	+ 4° 34' 00"	20° 21' 52"			Dyé.	
Barimé	+ 4° 34' 43"	»			Périquet.	
Baroa (Est du village)	+ 13° 52' 55"	10° 50' 19"			Mission Tilho.	
Barondo (factorerie)	+ 3° 49' 21"	13° 57' 00"			Périquet.	
Barroua	+ 13° 55' 30"	10° 47' 42"			Foureau.	
Bassako I (26 fév. 1903)	+ 8° 35' 56"	17° 02' 53"			Bruel.	
Bassako II (22 fév. 1904)	+ 7° 58' 46"	»			Bruel.	
Bassang	+ 9° 42' 17"	14° 15' 25"			Mailles.	
Bata	+ 1° 51' 00"	7° 24' 25"			Rouvier.	
Bata	»	17° 07' 28"			Bruel.	
Batangafo	+ 7° 03' 18"	15° 50' 00"	510	8° 20'	Bruel.	
Batchiklane (entre les deux)	+ 10° 24' 18"	14° 57' 36"	459		Foureau.	
Batoulou	+ 6° 34' 20"	»			Gaud.	
Batouri	+ 4° 25' 16"	12° 04' 04"			Mailles.	
Batouri (borne)	+ 4° 01' 09"	12° 46' 15"	672		Périquet.	
Bayanga (factorerie)	+ 2° 54' 10"	13° 55' 47"		9° 30'	Mailles, Bruel, Périquet.	
Bayndi	+ 7° 25' 03"		376		Périquet.	
Bébakaba	+ 7° 43' 46"	14° 29' 20"	855		Périquet.	
Bébal	+ 8° 17' 33"	14° 20' 30"			Périquet.	
Bébo	+ 8° 28' 22"	14° 59' 28"	434		Périquet.	
Bébouna	+ 8° 29' 44"	15° 05' 18"			Périquet.	
Bédégué (en face R. G. du Baha Sara)	+ 7° 59' 46"	15° 20' 28"	442		Périquet.	
Bedjondo	+ 8° 37' 19"	»	430		Bruel.	
Bédou	+ 8° 17' 23"	14° 49' 43"	411		Périquet.	
Béduaram (puits)	+ 15° 44' 38"	10° 48' 20"	438		Mission Tilho.	
Bégnéli	+ 7° 56' 14"	15° 43' 17"			Bruel.	
Bégong	+ 8° 22' 27"	15° 00' 30"	430		Périquet.	
Beïara	+ 8° 57' 36"	14° 41' 04"	380		Bruel.	
Beïna Deimo	+ 4° 01' 57"	»	435		Périquet.	
Beïna Wayo	+ 3° 59' 28"	»			Périquet.	
Békala ou Kouki	+ 7° 09' 42"	14° 54' 30"			Périquet.	

Points d'Observation	Latitude	Longitude	Altitude en mètres	Déclinaison	Noms des Observateurs	Observations
Békékoumbolo	+ 7° 27' 58"	14° 37' 30"			Périquet.	
Békésabou	+ 7° 51' 31"	14° 35' 30"			Périquet.	
Békésoti	+ 7° 46' 40"	14° 57' 30"			Périquet.	
Béko	+ 8° 18" 49"	14° 57' 33"	433		Périquet.	
Béko	+ 8° 56' 28"	15° 34' 13"	416		Périquet.	
Békogo ou Wogo	+ 7° 30' 00"	14° 52' 12"			Périquet.	
Békoïna	+ 8° 55' 50"	15° 22' 48"	433		Périquet.	
Békouloulou	+ 8° 08' 52"	13° 56' 15"	557		Périquet.	
Békouroungoï	+ 7° 21' 58"	14° 54' 43"	509		Périquet.	
Béla Kaptoune	+ 13° 40' 36"	12° 33' 48"			Foureau,	
Bélambi	+ 7° 35' 39"	14° 32' 30"			Périquet.	
Bélélé Mocania	— 0° 47' 10"	»		12° 05'	Mizon.	
Béloum	+ 7° 04' 18"	13° 40' 00"	874		Périquet.	Occult. (P.).
Bémanda	+ 7° 41' 12"	14° 41' 15"			Périquet.	
Bembaya	+ 8° 36' 34"	14° 41' 00"			Périquet.	Occult. (P.).
Bénara	+ 8° 44' 30"	15° 06' 58"	457		Périquet.	
Bénito	+ 1° 35' 15"	7° 17' 00"			Carte marine.	
Berberati	+ 4° 15' 31"	13° 27' 30"			De Brazza, Dardignac, Periquet.	
Béré (source)	+ 5° 53' 44"	12° 11' 26"			Périquet.	
Bérékoumbé	+ 7° 12' 36"	»	467		Bruel.	
Bérélémandjango (passe)	— 0° 40' 07"	»			Mizon.	
Bérétoum	+ 6° 06' 23"	13° 59' 05"	847		Périquet.	
Berghe Sainte-Marie	— 3° 10' 06"	13° 54' 16"			Lemaire	
Berké	+ 4° 51' 00"	11° 59' 12"			Mailles.	
Berri	+ 4° 37' 46"	13° 38' 10"			Périquet.	

Points d'Observation	Latitude	Longitude	Altitude en mètres	Déclinaison	Noms des Observateurs	Observations
Bétabara	+ 8° 03' 20"	13° 53' 45"			Périquet.	
Béwaré	+ 8° 46' 07"	15° 10' 33"	427		Périquet.	
Bibé	+ 2° 09' 57"	»	615		Michel.	
Bibillène	+ 0° 49' 14"	8° 34' 30"	415		Michel.	
Bibiti	+ 5° 48' 13"	12° 55' 45"			Dardignac.	
Bidellam (Centre village Nord	+ 14° 08' 08"	11° 33' 57"	246		Mission Tilho.	
Bikouk	+ 2° 07' 37"	»	585		Michel.	
Bimbo	+ 4° 18' 55"	16° 10' 43"			Bruel.	
Binder Foulbé	+ 9° 58' 03"	12° 07' 54"	400		Delvoye, Dardignac.	Occult. (D.).
Binder Naïri	+ 9° 32' 54"	12° 17' 51"			Dardignac.	
Bingatoko	+ 7° 48' 36"	14° 10' 00"	484		Périquet.	
Bingatouru	+ 7° 15' 55"	»			Périquet.	
Binghé	+ 5° 36' 30"	»			Périquet.	
Bingoumé	— 0° 52' 30"	8° 33' 35"			Bruel.	
Bingué	+ 5° 03' 52"	12° 12' 33"	834		Mailles.	
Bio	+ 1° 43' 04"	»		10° 25'	Bruel.	
Biparé	+ 9° 38' 53"	11° 39' 26"			Delvoye, Dardignac.	
Bir Alali	+ 14° 26' 12"	12° 59' 20"			Mission Tilho.	
Birété (petit)	+ 9° 25' 36"	13° 05' 22"			Georg.	
Bir Gara (300 m. au Nord 13° E. du puits)	+ 13° 11' 21"	13° 38' 36"	257		Mission Tilho.	
Bissoma	+ 1° 13' 54"	10° 17' 32"			Dujour.	
Bitam	+ 2° 05' 04"	»	585		Michel.	
Bobikondo	+ 4° 32' 27"	13° 39' 20"			Périquet.	
Boembé	— 2° 59' 11"	13° 13' 16"	350		Périquet.	
Boghassi	+ 4° 50' 24"	13° 34' 40"			Périquet.	
Bogo	+ 4° 45' 13"	13° 35' 20"			Périquet.	
Bogomté	+ 6° 55' 00"	14° 41' 00"			Périquet.	
Bogonyanga	+ 7° 49' 56"	16° 15' 53"	440		Bruel.	
Bol (centre poste)	+ 13° 27' 28"	12° 22' 17"	254	8° 40'	Mission Tilho.	
Bolembo	»	15° 36' 42"			Bruel.	
Bolobo (station)	— 2° 09' 51"	13° 55' 53"			Lemaire.	
Bomara (Sud-Borno)	+ 3° 55' 43"	12° 48' 14"			Périquet.	

Points d'Observation	Latitude	Longitude	Altitude en mètres	Déclinaison	Noms des Observateurs	Observations
Bomassa (factorerie)	+ 2° 12' 05"	13° 51' 15"	370	10° 09'	Cureau, Périquet, Dardignac.	80 Haut. de Lune (C.).
Bombaya	+ 8° 36' 34"	14° 41' 00"			Périquet.	
Bomenkolo	+ 2° 10' 19"	»	595	11° 29'	Michel.	
Bomsé	+ 5° 59' 20"	12° 53' 22"			Dardignac.	
Bondo	+ 5° 16' 30"	»			Périquet.	
Bondo	— 4° 47' 15"	12° 4' 15"	508		Bruel.	
Bonga	— 1° 06' 40"	14° 35' 16"			Rouvier.	
Bongo	— 2° 09' 48"	7° 48' 30"			Blim.	
Bongo	+ 8° 34' 36"	12° 41' 00"			Dardignac.	
Bongo (Camp du 1er mars 1903)	+ 8° 48' 55"	16° 26' 51"			Bruel.	
Bongoflo	+ 6° 48' 25"	15° 28' 20"			Périquet.	Occult. (P.).
Bongor (poste)	+ 10° 17' 07"	13° 01' 42"			Dardignac.	
Boouué	— 0° 05' 20"	9° 36' 00"		12° 55'	Rouvier.	
Borali	+ 6° 29' 47"	14° 15' 45"	676		Périquet.	
Borgoué	+ 7° 47' 33"	14° 58' 40"	460		Périquet.	
Borne (15° de Greenwich)	+ 2° 00' 26"	12° 40' 21"	345		Cureau.	
Borne F (Frontière de Cabinda)	— 4° 34' 24"	»			Dujour.	
Borne I (Frontière de Cabinda)	— 4° 27' 30"	10° 30' 00"			Dujour.	
Bosso (signal)	+ 13° 41' 50"	10° 58' 24"	246	8° 59'	Mission Tilho.	
Bossoum	+ 6° 09' 05"	13° 04' 00"			Périquet.	
Botanga	»	16° 16' 12"			Bruel.	
Bottinga	+ 6° 29' 25"	»			Gaud.	
Bouala	+ 6° 19' 14"	13° 10' 00"	1.026		Périquet.	
Bouar	+ 5° 56' 46"	13° 15' 05"			Périquet.	
Boubara (village)	+ 4° 55' 37"	12° 19' 43"			Périquet.	

Points d'Observation	Latitude	Longitude	Altitude en mètres	Déclinaison	Noms des Observateurs	Observations
Boudaï (Nakoundah)	+ 5° 56' 28"	12° 44' 40"	1.020		Périquet.	
Boudouba	+ 10° 00' 40"	11° 51' 01"			Georg.	
Bouedzoum	+ 1° 23' 15"	10° 05' 38"	434		Dujour.	
Bouenza	— 4° 11' 25"	11° 29' 10"		12° 32'	Rouvier.	
Bougama (Zaoura Doua)	+ 6° 17' 48"	13° 09' 10"			Périquet.	
Bougamouna	+ 5° 25' 56"	16° 11' 10"	517		Bruel.	
Bougarnga	+ 7° 00' 46"	»	1.199		Georg, Périquet.	
Boughira (Sommet du Mont)	+ 8° 02' 35"	23° 22' 30"	910		Cureau.	
Bongoué	+ 6° 18' 43"	12° 45' 43"			Dardignac.	
Bougoupé	+ 4° 29' 20"	18° 11' 00"			Dyé.	
Bougoumi (trois Marigots)	+ 6° 45' 45"	»	511		Bruel.	
Boukandi	+ 6° 31' 06"	16° 38' 17"	507		Bruel.	
Boukengué (Bembi)	+ 6° 23' 42"	16° 30' 24"	548		Bruel.	
Boukengué (Mba	+ 6° 02' 44"	17° 09' 25"	502		Bruel.	
Boumandori	+ 5° 04' 05"	13° 10' 00"			Périquet.	
Boumba	— 1° 27' 00"	10° 59' 52"			Jobit.	
Boumbara	+ 6° 45' 57"	»			Bruel.	
Boumbé (embouch. dans Ngoko)	+ 2° 02' 05"	12° 50' 05"			Cureau.	
Boumbé (chute aval)	+ 4° 26' 16"	12° 36' 31"			Périquet.	
Boumbé (village)	+ 4° 43' 24"	12° 22' 57"			Périquet.	
Boundio	+ 6° 38' 22"	15° 19' 45"			Périquet.	
Boundji (chute Ogooué)	— 0° 47' 47"	10° 15' 40"	223	13° 13'	Brazza, Mizou.	
Boundji (Alima)	— 1° 03' 03"	13° 06' 22"			Rouvier.	
Boupanoui	+ 6° 21' 45"	16° 39' 34"			Bruel.	
Bourdoumanga (135m au N., 28 W. du Puits)	+ 13° 31' 00"	13° 44' 36"	257		Mission Tilho.	
Bousovoué	+ 6° 50' 51"	»			Georg.	
Bousso (Poste)	+ 10° 28' 51"	14° 25' 30"			Mailles.	
Bout el Fil	+ 12° 34' 18"	12° 34' 08"			Foureau.	
Boutica	+ 1° 02' 12"	7° 18' 54"			Du Paty de Clam	
Bovio	+ 6° 33' 40"	14° 42' 00"			Périquet.	
Boyenghé	— 0° 50' 50"	14° 56' 08"			Bruel.	
Bozégui	+ 4° 30' 11"	20° 20' 15"			Dyé.	

Points d'Observation	Latitude	Longitude	Altitude en mètres	Déclinaison	Noms des Observateurs	Observations
Brazzaville (Anc. Mat. de Pavillon)......	— 4° 17' 09"	12° 56' 22"	320	13° 24'	Rouvier, Curcau, Michel, Périquet. Dardignac. Bruel.	2 Occult. (C.). H‹ de Lune. (M.) 3 Occult. (P.).
Buari (pilier) :...........................	+ 6° 04' 48"	12° 42' 39"				
Bucoto (ancien,...........................	+ 1° 51' 25"	»				

Points d'Observation	Latitude	Longitude	Altitude en mètres	Déclinaison	Noms des Observateurs	Observations
Camp du 8 septembre 1885..............	— 4° 05' 40"	9° 49' 55"			Rouvier.	
Camp du 12 septembre 1885.............	— 3° 54' 30"	9° 55' 50"			Rouvier.	
Camp du 14 septembre 1885.............	— 3° 45' 00"	10° 08' 00"			Rouvier.	
Camp du 15 septembre 1885.............	— 3° 40' 10"	10° 12' 50"			Rouvier.	
Camp du 16 septembre 1885.............	— 3° 30' 30"	10° 17' 20"			Rouvier.	
Camp du 28 septembre 1885.............	— 4° 00' 40"	10° 35' 50"			Rouvier.	
Camp du 12 décembre 1885.............	— 4° 04' 30"	13° 10' 10"			Rouvier.	
Camp du 13 décembre 1885.............	— 3° 50' 10"	13° 39' 05"			Rouvier.	
Camp du 14 décembre 1885.............	— 3° 19' 40"	13° 52' 05"			Rouvier.	
Camp du 27 décembre 1885.............	— 2° 16' 10"	13° 54' 30"			Rouvier.	
Camp du 30 décembre 1885.............	— 2° 01' 50"	13° 59' 00"			Rouvier.	
Camp du 31 décembre 1885.............	— 1° 39' 50"	14° 20' 30"			Rouvier.	
Camp du 1er janvier 1886..............	— 1° 27' 10"	14 23' 00"			Rouvier.	
Camp du 7 janvier 1886................	— 0° 58' 50"	14° 55' 55"			Rouvier.	
Camp du 8 janvier 1886................	— 0° 40' 00"	15° 15' 30"			Rouvier.	
Camp du 9 janvier 1886 (Midi)..........	— 0° 23' 35"	»			Rouvier.	
Camp du 12 janvier 1886...............	+ 0° 19' 40"	15° 36' 30"			Rouvier.	
Camp du 13 janvier 1886...............	+ 0° 46' 40"	15° 34' 40"			Rouvier.	
Camp du 14 janvier 1886.	+ 1° 04' 30"	15° 32' 40"			Rouvier.	
Camp du 15 janvier 1886...............	+ 1° 13' 20"	15° 38' 10"			Rouvier.	
Camp du 23 janvier 1886 (Midi)..........	— 0° 22' 10"	»			Rouvier.	
Camp du 24 janvier 1886.....	— 0° 19' 15"	15° 34' 00"			Rouvier.	
Camp du 25 janvier 1886 (Midi)..........	+ 0° 05' 40"	»			Rouvier.	
Camp du 25 janvier 1886...............	+ 0° 01' 10"	15° 51' 00"			Rouvier.	

Points d'Observation	Latitude	Longitude	Altitude en mètres	Déclinaison	Noms des Observateurs	Observations
Camp du 5 février 1886	— 1° 05' 10"	13° 39' 03"			Rouvier.	
Camp du 26 octobre 1890 (Kouango)	+ 5° 03' 40"				Lauzière.	
Camp du 28 octobre 1890 (Kouango)	+ 5° 11' 10"	»			Lauzière.	
Camp du 29 octobre 1890 (Kouango)	+ 5° 10' 10"	»			Lauzière.	
Camp du 22 février 1892	+ 5° 35' 28"		942	8° 19'	Mizon.	
Camp du 13 mars 1892	+ 4° 27' 18"		612		Mizon.	
Camp du 21 mars 1892	+ 4° 16' 14"		591		Mizon.	
Camp du 23 juillet 1899 (près Erenago)	+ 5° 53' 44"				Bruel.	
Camp du 28 août 1899 (Fafa)	+ 6° 16' 15"		520		Bruel.	
Camp du 11 février 1900	+ 14° 13' 06"	11° 45' 12"			Foureau.	
Camp du 29 décembre 1900 (en face embouchure Bahr Sara)	+ 9° 18' 53"	15° 54' 44"			Bruel.	
Camp du 31 décembre 1900 (sur le Chari)	+ 8° 38' 10"	16° 45' 08"		7° 18'	Bruel.	
Camp du 1er janvier 1901 (sur le Gribingui)	+ 8° 28' 17"	16° 42' 24"			Bruel.	
Camp du 2 janvier 1901 (sur le Gribingui)	+ 8° 22' 08"				Bruel.	
Camp du 3 janvier 1901 (sur le Gribingui)	+ 8° 13' 40"				Bruel.	
Camp du 4 janvier 1901 (sur le Gribingui)	+ 8° 08' 48"				Bruel.	
Camp du 5 janvier 1901 (sur le Gribingui)	+ 8° 02' 13"				Bruel.	
Camp du 7 janvier 1901 (sur le Gribingui)	+ 7° 46' 25"				Bruel.	
Camp du 8 janvier 1901 (sur le Gribingui)	+ 7° 41' 21"				Bruel.	
Camp du 9 janvier 1901 (sur le Gribingui)	+ 7° 34' 12"				Bruel.	
Camp du 9 juin 1901 (Fafa)	+ 6° 43' 54"				Bruel.	
Camp du 11 juin 1901 (Fafa)	+ 6° 36' 20"	15° 46' 47"			Bruel.	
Camp du 7 février 1903 (Bamingui)	+ 7° 33' 31"				Bruel.	
Camp du 28 février 1903 (Chari)	+ 8° 43' 52"	16° 39' 42"			Bruel.	
Camp du 1er mars 1903 (Chari)	»	16° 26' 51"	386		Bruel.	
Camp du 2 mars 1903 (Harré-Chari)	+ 8° 57' 12"		381		Bruel.	
Camp du 11 mars 1903	+ 6° 41' 30"				Gaud.	
Camp du 12 mars 1903	+ 6° 36' 40"				Gaud.	
Camp du 13 mars 1903	+ 6° 41' 45"				Gaud.	
Camp du 14 mars 1903	+ 6° 32' 45"				Gaud.	
Camp du 16 mars 1903	+ 6° 31' 40"				Gaud.	
Camp du 25 mars 1903	+ 7° 40' 30"				Gaud.	
Camp du 26 mars 1903 (Bamingui)	+ 7° 35' 00"				Gaud.	
Camp du 27 mars 1903 (Bamingui)	+ 7° 31' 00"				Gaud.	
Camp du 28 mars 1903 (Bamingui)	+ 7° 35' 00"				Gaud.	
Camp du 12 février 1904	+ 8° 35' 57"	17° 58' 02"	621		Bruel.	
Camp du 13 février 1904	+ 8° 33' 00"	17° 49' 14"	477		Bruel.	
Camp du 18 février 1904	+ 8° 08' 51"	16° 53' 09"	419		Bruel.	
Camp du 19 mars 1904	+ 9° 19' 59"	15° 53' 44"			Bruel.	
Camp du 17 novembre 1907	»	14° 17' 45"			Bruel.	
Camp du 5 décembre 1907	+ 13° 52' 52"	10° 38' 56"			Mission Tilho.	
Camp du 28 janvier 1908	+ 13° 47' 43"	11° 29' 26"	243		Mission Tilho.	
Camp du 16 juillet 1910	— 4° 22' 35"				Cervoni.	
Camp du 24 juillet 1901	— 4° 12' 48"				Cervoni.	
Camp du 31 juillet 1910	— 4° 14' 52"				Cervoni.	
Camp (Ancien) sur la Tomi	+ 5° 33' 27"				Gentil.	
Camp sur la Tomi	+ 5° 42' 19"				Gentil.	
Campo (Poste espagnol)	+ 2° 20' 39"	7° 29' 25"			Cureau.	
Carnot	+ 4° 56' 31"	13° 32' 32"	573		Mailles, Périquet.	Occult. (P.)
Cayo (factorerie)	— 4° 53' 59"	9° 37' 57"			Voitoux, Blim.	
Chamba (pointe)	— 5° 01' 10"	9° 37' 45"			Blim.	
Chari (embouchure)	+ 12° 54' 41"	12° 11' 37"	243		Mailles.	
Chari (Anc. point frontière)	+ 10° 00' 00"	15° 19' 00"			Mailles.	
Chibonge	— 4° 30' 22"	10° 25' 52"			Blim.	
Chikambo	— 4° 44' 40"				Blim.	
Chikambo (factorerie hollandaise)	— 4° 41' 52"	9° 47' 42"			Voitoux.	
Chilunga	— 4° 48' 00"	9° 59' 40"			Dujour.	

Points d'Observation	Latitude	Longitude	Altitude en mètres	Déclinaison	Noms des Observateurs	Observations
Chimdamba	— 4° 43' 39"				Blim.	
Chimgando	— 4° 54' 07"				Blim.	
Chimongo Sanga	— 4° 37' 39"	10° 30' 04"			Dujour.	
Chimpèze	— 4° 31' 21"	10° 13' 56"			Blim.	
Chinko (confluent avec Mbomou)	+ 4° 48' 53"	21° 35' 20"			Dyé.	Haut. de Lune. (C.).
Chissambo (factorerie anglaise)	— 5° 00' 43"	9° 44' 43"			Blim.	
Cholet (rapides Dongo)	+ 2° 09' 21"				Cureau.	
Chutes du Campo (station Yonghé)	+ 2° 13' 38"	7° 31' 15"			Cureau.	
Codé	+ 4° 15' 11"				Bruel.	
Colombo	+ 8° 23' 15"	12° 39' 48"			Dardignac.	
Comaça	+ 3° 42' 21"		419		Mizon.	
Comba (poste)	— 4° 14' 30"	11° 56' 47"	370		Bruel.	
Combri	+ 4° 17' 05"				Bruel.	
Como et Ngoko (confluent)	+ 1° 59' 51"	12° 53' 35"			Cureau.	
Conkouati	— 4° 01' 34"				Mizon.	
Copa	— 2° 37' 13"	7° 43' 08"			Blim.	
Copoye (400 m. au N., 8° W. du puits)	+ 14° 16' 20"	13° 38' 27"	255		Mission Tilho.	
Coquillatville	— 0° 04' 00"	15° 58' 05"			Lemaire.	
Cosson	+ 5° 38' 08"				Georg.	
Cotodale	— 4° 27' 19"	10° 30' 16"			Blim.	

Points d'Observation	Latitude	Longitude	Altitude en mètres	Déclinaison	Noms des Observateurs	Observations
Damérico (Point A au sud de)	»	15° 07' 33"			Jobit.	
Damérico (Point D au sud de)	+ 0° 28' 42"				Jobit.	
Damraou (Poste)	+ 10° 05' 45"	15° 18' 00"			Mailles.	Occult. (M.).
Damri	+ 9° 06' 00"	12° 18' 03"			Dardignac.	
Damtar	+ 10° 00' 44"	15° 18' 50"	325	8° 08'	Mailles, Bruel.	
Dangba	+ 5° 57' 14"	16° 36' 21"	513		Bruel.	
Darango	+ 4° 26' 01"	»			Bruel.	
Darbé	+ 9° 24' 28"	14° 21' 10"	385		Bruel.	
Daré	+ 6° 05' 16"	12° 46' 48"			Dardignac.	
Dasipa	+ 5° 23' 59"	»	510		Bruel.	
Débo	+ 8° 28' 22"	14° 59' 28"			Périquet.	
Déguénemdji	+ 13° 34' 30"	12° 53' 10"			Foureau.	
Deïrom	+ 14° 02' 11"	11° 38' 15"			Tilho.	
Dekoua	»	16° 45' 05"	541		Bruel.	
Déleb (Sommet)	+ 7° 54' 47"	23° 47' 51"	690		Cureau.	
Déleb (Col S.-E.)	+ 7° 53' 37"	23° 48' 18"	690		Cureau.	
Délclé	+ 4° 02' 43"	»			Georg.	
Demars (Chutes) sur l'Oano	— 2° 03' 00"	9° 11' 22"			Jobit.	
Demziber	+ 7° 42' 53"	23° 48' 45"	670		Cureau.	3 occult. (C.).
Deson	+ 5° 08' 49"	12° 34' 16"			Mailles.	
Diama (Ngrou)	+ 7° 00' 01"	17° 15' 40"	484		Bruel.	
Diélé	— 1° 41' 30"	12° 25' 05"		11° 9'	Rouvier.	
Dik	+ 9° 58' 38"	15° 11' 43"	359		Bruel, Mailles.	
Dimbaya	+ 7° 28' 24"	13° 59' 30"	483		Périquet.	
Dingba	— 4° 44' 00"	20° 40' 27"			Dyé.	
Dingoula	+ 4° 51' 31"	»			Bruel.	
Diogoubouro	+ 1° 00' 15"	7° 30' 45"			Du Paty de Clam.	

Points d'Observation	Latitude	Longitude	Altitude en mètres	Déclinaison	Noms des Observateurs	Observations
Dioukoua Mossoua	+ 5° 07' 20"	»			Lauzière.	
Djah (embouchure)	+ 1° 39' 15"	»			Fœrster.	
Djambala	+ 4° 17' 35"	»	555		Mizon.	
Djégoro	+ 4° 26' 56"	»			Bruel.	
Djéma	+ 6° 03' 19"	22° 56' 00"	670		Cureau.	1 occult. (C.).
Djembé (factorerie)	+ 2° 11' 37"				Engelhardt.	
Djiabéta	+ 0° 43' 52"	11° 36' 49"			Dujour.	
Djilo	— 0° 13' 55"	9° 59' 30"	189	15° 03'	Mizon.	
Djimtilo (Pilier)	+ 12° 50' 20"	12° 14' 31"			Mailles, mission Tilho.	
Djimane	+ 9° 52' 54"	13° 28' 33"			Dardignac.	
Djobaka	+ 4° 34' 01"	»			Dyé.	
Djogodom	+ 9° 52' 20"	14° 01' 22"			Mailles.	
Djoumba	— 0° 48' 06"	»			De Brazza.	
Djoundou	— 1° 18' 33"	15° 20' 54"			Bruel.	
Doba	+ 8° 39' 00"	14° 32' 05"			Périquet.	Occult. (P.).
Dobadano	+ 8° 09' 36"	15° 18' 38"	436		Périquet.	
Doblaka	+ 9° 47' 03"	12° 41' 45"			Delvoye.	
Dobo	+ 9° 15' 24"	15° 22' 10"	427		Bruel.	
Dogo	+ 6° 40' 11"	17° 10' 53"	572		Bruel.	
Dogo	+ 9° 08' 28"	13° 25' 42"			Georg.	
Doïrom (signal anc. village)	+ 14° 02' 11"	11° 43' 05"			Mission Tilho.	
Dok	+ 8° 45' 02"	13° 18' 57"			Georg.	
Doka (camp près)	+ 5° 46' 20"	»	947		Mizon.	
Dokko	+ 7° 31' 04"	14° 00' 00"	543		Périquet.	
Dom (Grand)	+ 9° 59' 20"	13° 06' 18"			Dardignac.	
Domo	+ 10° 08' 39"	12° 55' 00"			Dardignac.	
Domta	+ 6° 11' 24"	12° 46' 12"			Dardignac.	
Dongo (rapide Cholet)	+ 2° 09' 21"				Cureau.	
Dongo	+ 9° 03' 50"	13° 07' 30"			Georg.	
Doué	+ 10° 00' 30"	12° 38' 25"			Dardignac.	
Doukoundjia	+ 3° 44' 21"	14° 23' 30"			Périquet.	
Dormo	+ 9° 19' 15"	14° 14'.50"	382		Bruel.	
Douma	+ 7° 39' 50"	»			Bruel.	
Douma	+ 5° 55' 00"	»			Dyé.	
Doumalaboumba	— 0° 48' 47"	10° 32' 56"			Mizon.	
Doumé (confluent avec Kadéï)	+ 4° 07' 40"	»			Fœrster.	
Doumé (Ile)	— 1° 24' 40"	»			Carte marine.	
Doumé (chute)	— 0° 50' 08"	»	251	12° 28'	Mizon.	
Doumé Malongo	— 0° 59' 14"	»			Mizon.	
Doumia	+ 7° 56' 06"	14° 02' 10"	480		Périquet.	
Dowala	+ 8° 15' 17"	14° 32' 15"	498		Périquet.	
Dramani	+ 4° 48' 50"	21° 35' 20"			Dyé.	
Dulonkou	+ 3° 51' 39"				Engelhardt.	
Dumlik	+ 10° 00' 43"	14° 59' 13"			Mailles.	
Dy (chutes)	+ 6° 47' 00"	16° 16' 39"			Joulia.	

POINTS D'OBSERVATION	LATITUDE	LONGITUDE	ALTITUDE en mètres	DÉCLINAISON	NOMS des OBSERVATEURS	OBSERVATIONS
Ebom I	+ 1° 37' 20"	11° 11' 07"			Dujour.	
Ebom II	+ 0° 55' 40"	8° 58' 05"			Dujour.	
Ekododo	+ 0° 55' 40"	7° 37' 54"			Du Paty de Clam.	
Éléphant (rapide)	+ 4° 42' 22"	16° 36' 03"			Dyé.	
Emina	+ 1° 27' 15"	8° 53' 55"			Michel.	
Endoui	— 2° 19' 42"				Mizon.	
Equateurville	+ 0° 01' 56"	14° 56' 05"		9° 54'	Rouvier, Lemaire.	
Eta	+ 2° 16' 13"		550		Michel.	
Evarédoulou	+ 1° 03' 23"	8° 35' 25"	440		Michel.	
Eyang	+ 2° 08' 48"		600		Michel.	
Ezanga (Factorerie C. C. O. N. G.)	»	7° 52' 12"			Bruel.	
Fachoda (Kodok)	+ 9° 53' 34"	29° 47' 00"			Dyé.	Haut. de Lune (D.).
Falaise (la)	— 1° 00' 50"	13° 31' 30"			Rouvier.	
Fallah	+ 14° 23' 48"	11° 17' 00"			Foureau.	
Fanengha (700 m. au N.-E. des 2 talhas repères)	+ 15° 35' 03"	14° 27' 43"	243		Mission Tilho.	
Fantrassou (400 m. à l'Est du fond de la mare)	+ 14° 14' 11"	14° 22' 00"	244		Mission Tilho.	
Farguimi	+ 13° 47' 56"	11° 47' 15"	249		Mission Tilho.	
Fatchou	+ 10° 01' 32"	13° 07' 00"			Dardignac.	
Fienga	+ 9° 54' 52"	12° 49' 33"			Dardignac.	
Figuil	+ 9° 45' 34"	11° 38' 06"			Georg.	
Filangone (puits)	+ 12° 53' 24"	11° 00' 35"			Mission Tilho.	
Finda	+ 7° 33' 00"	16° 39' 17"	475	7° 27'	Bruel.	

POINTS D'OBSERVATION	LATITUDE	LONGITUDE	ALTITUDE en mètres	DÉCLINAISON	NOMS des OBSERVATEURS	OBSERVATIONS
Fort Archambault	+ 9° 09' 18"	16° 04' 29"	387		Foureau, Bruel, de Montmort.	
Fort Bretonnet	+ 10° 29' 06"	14° 24' 13"		8° 31'	Bruel, Mailles.	
Fort de Cointet	+ 11° 11' 21"	13° 04' 56"			Bruel, Mailles.	
Fort Crampel	+ 7° 00' 15"	16° 50' 14"	448	7° 25'	Gentil, Foureau, Bruel.	
Fort Desaix	+ 7° 42' 00"	25° 42' 45"			Dyé.	
Fort Lamy	+ 12° 06' 36"	12° 41' 50"	326	8° 46'	Bruel, Delvoye, Mailles.	Occult. (M.).
Fort de Possel	+ 5° 01' 20"	16° 54' 26"	390	8° 30'	Dyé, Bruel.	
Fort Sibut	+ 5° 45' 19"	16° 46' 15"	446	7° 34'	Gentil, Bruel.	
Foumou Nzabi	— 4° 50' 00"	12° 24' 20"			Rouvier.	
Foyo (Fourré au Nord de la cuvette)	+ 14° 39' 23"	11° 51' 26"			Mission Tilho.	
Franceville (nouveau poste 1885)	— 1° 37' 15"	11° 15' 31"	380		Mizon, Rouvier.	
Frontière (ancien poste)	— 0° 06' 20"	15° 44' 50"			Rouvier.	
Gadana	+ 10° 38' 18"	14° 03' 46"			Foureau.	
Gadilou	+ 7° 05' 25"	14° 13' 40"			Périquet.	
Galo	+ 8° 42' 34"	15° 25' 48"	431		Périquet.	
Gam	+ 6° 30' 55"	12° 28' 04"			Mailles.	
Gamaba	— 4° 19' 35"	12° 46' 31"	444		Bruel.	
Gamsi	+ 10° 58' 50"	12° 43' 31"			Mailles.	
Ganga	+ 1° 01' 38"	11° 38' 21"			Périquet.	
Ganghéné	+ 6° 03' 27"	12° 44' 00"	986		Périquet.	Occult. (P.).
Garga	+ 5° 40' 34"	12° 18' 41"			Dardignac.	
Garoa (Centre)	+ 14° 14' 36"	11° 14' 45"	245		Mission Tilho.	
Garoua (Près de)	+ 9° 16' 30"	11° 01' 00"	262	8° 43'	Mizon, Delvoye.	
Garoumélé (Signal au N.-W. du vill. abandonné)	+ 14° 07' 13"	10° 38' 01"			Mission Tilho.	
Gaya	+ 9° 57' 24"	13° 37' 57"			Mailles.	
Gaye (aval de)	+ 9° 33' 12"	15° 39' 50"			Foureau.	
Gaza (Pilier)	+ 4° 45' 50"	12° 50' 12"	712	10° 33'	Mizon, Mailles.	Occult. (Mailles).

Points d'Observation	Latitude	Longitude	Altitude en mètres	Déclinaison	Noms des Observateurs	Observations
Ghili	+ 7° 43' 38"	14° 05' 00"	480		Périquet.	Occult. (P.).
Go	+ 4° 38' 20"	»			Périquet.	
Gocambo (Village près du)	— 3° 25' 35"				Mizon.	
Gocambo (Gué du)	— 3° 27' 07"				Mizon.	
Golombé	+ 9° 39' 36"	11° 32' 00"			Delvoye.	
Gomboul	+ 9° 06' 57"	12° 37' 15"			Georg.	
Gongé (Ancien)	+ 2° 33' 06"				Fœrster.	
Gongoumi	+ 6° 35' 04"	13° 45' 00"			Périquet.	
Goré	+ 7° 55' 38"	14° 14' 15"	438		Périquet.	
Gouachobo	+ 4° 25' 08"	13° 37' 20"			Périquet.	
Goubougou	+ 9° 37' 30"	14° 19' 09"			Mailles.	
Goulféi (en face R. D.)	+ 12° 23' 05"	12° 33' 13"			Foureau, Bruel.	
Gounda	+ 6° 55' 50"				Gaud.	
Goundi	+ 9° 21' 05"	15° 03' 07"	401		Bruel.	
Goundji (Centre)	+ 13° 29' 26"	12° 40' 19"	251		Mission Tilho.	
Goundouma	+ 11° 51' 40"	12° 44' 45"			Dardignac.	
Gouradi				7° 40'	Mission Tilho.	
Gourgara Plimouta	+ 10° 00' 58"	14° 38' 05"	355		Bruel, Mailles.	
Gourmi	+ 9° 50' 22"	12° 28' 00"			Delvoye.	
Gouro	+ 8° 35' 09"		395		Bruel.	
Gozobangui	+ 4° 25' 25"				Germain.	
Grey (Ile sir Edward)	+ 13° 43' 19"	11° 13' 00"	244		Mission Tilho.	
Guémi	»	17° 02' 49"	559		Bruel.	
Guéné Sadé	+ 4° 34' 00"				Gentil.	
Guibi ou Dibi	+ 10° 00' 59"	12° 54' 10"			Dardignac.	
Guider	+ 9° 56' 22"	11° 36' 25"			Georg.	

Points d'Observation	Latitude	Longitude	Altitude en mètres	Déclinaison	Noms des Observateurs	Observations
Guillaume (Poste à bois)	+ 0° 53' 55"	15° 30' 46"			Bruel.	
Guirou	+ 9° 59' 35"	13° 02' 58"			Dardignac.	
Hacha (100 m. à l'E. du talha et 100 m. à l'E. du puits)	+ 15° 41' 00"	14° 06' 18"	227	7° 51'	Mission Tilho.	
Hadjer el Hamis (centre)	+ 12° 51' 02"	12° 29' 31"	245		Mission Tilho.	
Halte (Midi, 26 février 1892)	+ 5° 09' 32"		765		Mizon.	
Halte (Midi, 17 novembre 1907)	+ 2° 10' 16"				Bruel.	
Ham (Pilier)	+ 10° 00' 00"	13° 21' 07"			Dardignac.	
Hangara	+ 16° 8' 14"	13° 9' 24"	238	8° 06'	Mission Tilho.	
Hii	+ 9° 12' 34"	15° 37' 48"	445		Bruel.	
Holom	+ 9° 53' 22"				Dardignac.	
Iamali	+ 4° 43' 34"	18° 02' 27"			Bruel.	
Ibenga (embouchure)		15° 46' 58"			Bruel.	
Ikelamba (factorerie)		14° 09' 50"			Bruel.	
Ikelamba (Ile 3' en amont)	+ 1° 13' 20"				Husson.	
Ikoï (embouchure)	— 0° 53' 05"	8° 15' 27"			Bruel.	
Ile n° 5 (Tchad)	+ 13° 47' 04"	11° 18' 45"	244		Mission Tilho.	
Ile X (Tchad)	+ 13° 47' 53"	11° 29' 40"	244		Mission Tilho.	
Ilémouendo	— 1° 41' 00"	10° 33' 55"			Jobit.	
Ilomirou	+ 14° 24' 54"	11° 03' 00"			Foureau.	
Ilongo	+ 0° 22' 04"	13° 48' 18"	435		Périquet.	
Imfondo (Desbordesville)	+ 1° 36' 30"	15° 43' 54"			Dolisie, Bruel.	
Indienne (Pointe)	— 4° 40' 00"	9° 26' 16"			Cordier.	

POINTS D'OBSERVATION	LATITUDE	LONGITUDE	ALTITUDE en mètres	DÉCLINAISON	NOMS des OBSERVATEURS	OBSERVATIONS
Inguess	»	11° 33′ 26″	437		Dujour.	
Inkoubi	— 3° 33′ 11″	13° 08′ 11″	723		Périquet.	
Iouesso	+ 1° 02′ 29″	13° 23′ 05″	402		Périquet.	
Ioumba	+ 5° 55′ 59″	16° 59′ 02″	501		Bruel.	
Irébou (camp)	— 0° 36′ 41″	15° 27′ 49″			Lemaire.	
Iréna	+ 8° 33′ 07″	16° 43′ 21″			Bruel.	
Irnougou (centre)	+ 13° 21′ 17″	12° 55′ 09″	253		Mission Tilho.	
Isanga (sur le Remboué)	— 0° 14′ 30″				Aymés.	
Itingo (col Jobit)	— 1° 35′ 00″	8° 56′ 19″			Jobit.	
Itumba	— 1° 12′ 00″	13° 45′ 46″			Rouvier.	
Ivindo (embouchure)	— 0° 10′ 00″	9° 49′ 00″			De Brazza.	
Jirgadji	+ 8° 58′ 27″	15° 38′ 53″	389		Périquet.	
Kabétoua (puits)	+ 12° 52′ 21″	10° 50′ 52″			Mission Tilho.	
Kadda	+ 6° 48′ 32″	17° 32′ 11″	554		Bruel.	
Kadéi (source)	+ 5° 54′ 11″	12° 13′ 34″	979		Mizon, Périquet.	
Kadéi (R. G. Camp du 27 mars 1892)	+ 4° 01′ 44″		466	9° 36′	Mizon.	
Kadi	+ 13° 23′ 26″	12° 09′ 27″			Mailles.	
Kaga Mbra (poste)	+ 7° 06′ 20″	17° 38′ 53″		7° 13′	Bruel.	
Kaga Mbré	+ 6° 39′ 58″	17° 25′ 44″	586		Bruel.	
Kaga Ndjé	+ 7° 20′ 50″	»			Gaud.	
Kaga Poungoubou	+ 7° 50′ 53″	17° 54′ 33″	657		Bruel.	

POINTS D'OBSERVATION	LATITUDE	LONGITUDE	ALTITUDE en mètres	DÉCLINAISON	NOMS des OBSERVATEURS	OBSERVATIONS
Kagopal	+ 8° 16′ 52″	14° 05′ 10″	486		Périquet.	Occult. (P.).
Kaïtia (camp)	+ 7° 55′ 02″	13° 25′ 53″	444		Mailles.	
Kaïwa	+ 14° 14′ 11″	»			Tilho.	
Kakamoéka	— 4° 09′ 00″				Gussfeldt.	
Kalimboa (puits)	+ 13° 20′ 02″	13° 10′ 06″			Mission Tilho.	
Kamargui-Irlé	+ 10° 00′ 27″	12° 52′ 39″			Dardignac.	
Kamba	+ 8° 23′ 32″	»	387		Bruel.	
Kamba (centre)	+ 13° 59′ 36″	11° 50′ 45″			Mission Tilho.	
Kamba Ouro	+ 3° 38′ 45″	14° 29′ 00″			Périquet.	
Kandégué	+ 10° 09′ 57″	»			Dujour.	
Kangié	»	10° 13′ 30″			De Brazza.	
Kaoua	+ 12° 57′ 06″	11° 21′ 28″	247		Mailles, mission Tilho.	
Kaonga	— 4° 33′ 55″	12° 02′ 02″	617		Cabra, Bruel.	
Kaouloum (près)	+ 9° 48′ 30″	15° 26′ 42″	333		Foureau.	
Karam (case du Chef	+ 10° 00′ 02″	13° 17′ 21″			Dardignac.	
Karanga	+ 6° 25′ 34″	12° 35′ 30″			Dardignac.	
Karna (carrefour)	+ 13° 05′ 54″	10° 41′ 26″			Mission Tilho.	
Karnak Logone (Porte Sud)	+ 11° 46′ 50″	12° 45′ 44″			Delvoye, Dardignac.	
Karsé	+ 11° 21′ 34″	12° 44′ 42″			Dardignac.	
Kassa (embouch. Kotto)	+ 4° 13′ 30″	19° 39′ 51″			Dyé.	
Kassala	+ 5° 06′ 00″				Gentil.	
Kassinda	+ 8° 46′ 19″	15° 52′ 29″	386		Bruel.	
Kelbou (centre village)	+ 13° 11′ 20″	12° 43′ 35″	246		Mission Tilho.	
Kélem	+ 7° 20′ 59″	»	930		Périquet.	
Kellé	+ 5° 51′ 34″	24° 03′ 27″			Dyé.	
Kembakendé (chef Bétou)	+ 3° 03′ 31″	16° 11′ 54″			Bruel.	
Kentzou (nouveau village)	+ 4° 08′ 05″	12° 47′ 11″			Périquet.	
Kentzou (Factorerie)	+ 4° 09′ 08″	12° 42′ 55″			Mailles.	
Kéou	+ 7° 04′ 11″	17° 27′ 48″	535		Bruel.	
Keun (Pᵗ)	+ 8° 45′ 10″	12° 59′ 39″			Georg.	
Kiessa	+ 13° 38′ 18″	10° 56′ 00″			Foureau.	
Kilia (signal)	+ 13° 57′ 32″	11° 45′ 53″			Mission Tilho.	

Points d'Observation	Latitude	Longitude	Altitude en mètres	Déclinaison	Noms des Observateurs	Observations
Kim	+ 9° 43' 53"	13° 34' 45"			Dardignac.	
Kimbédi Sud	— 4° 19' 20"	11° 33' 10"			Rouvier.	
Kimpanzon (Poste)	— 4° 34' 45"	12° 36' 06"	390	13° 20'	Bruel.	
Kindil	+ 13° 22' 15"				D'Huart.	
Kindin (Angle S.-E. du village)	+ 13° 38' 46"	11° 44' 48"	245		Mission Tilho.	
Kingoï (Mission)	— 4° 27' 33"				Vilmoës.	
Kinjiria (puits)	+ 13° 58' 18"	11° 19' 17"	245		Mission Tilho.	
Kinsimba	— 4° 10' 10"	11° 24' 20"			Rouvier.	
Kipa	+ 5° 43' 00"	23° 04' 00"	630		Cureau.	
Kiskaoua	+ 14° 19' 00"	11° 33' 30"			Foureau.	
Kitabi	— 4° 01' 00"	9° 50' 50"		14° 07'	Rouvier.	
Kitendi	— 4° 25' 14"	10° 16' 38"			Blim.	
Kobé	+ 7° 58' 24"	14° 26' 35"			Périquet.	
Kodjalé	+ 6° 08' 17"	25° 27' 00"			Dyé.	
Kogoï (camp)	+ 10° 05' 30"	13° 10' 25"			Dardignac.	
Kokkoddo	+ 13° 57' 24"	11° 53' 00"			Foureau.	
Koko	+ 8° 51' 04"	15° 07' 00"	408		Bruel.	
Koli	+ 9° 24' 41"	14° 54' 32"			Bruel.	
Kolissen	— 0° 48' 10"	8° 22' 20"	390		Bruel.	
Kologo	+ 14° 23' 36"	11° 26' 12"			Foureau.	
Kolongo	+ 4° 44' 00"	14° 30' 00"			Périquet.	
Komadougou Yobbé (embouchure, signal français)	+ 13° 42' 24"	11° 02' 33"	243		Mission Tilho.	
Komo (embouchure)	+ 1° 59' 51"	12° 53' 35"			Cureau.	
Konana Dembé	— 1° 35' 27"	10° 00' 11"			Jobit.	
Kopro	+ 9° 08' 49"		384		Bruel.	
Korbol	+ 10° 01' 11"	»			Dujour.	
Kordoudoua	+ 4° 59' 01"	12° 07' 33"			Mailles.	
Korou (Koro Kidinga)	+ 16° 58' 25"	14' 46' 47"	160	7° 41'	Mission Tilho.	
Kouango (poste)	+ 4° 58' 49"	17° 38' 48"			Dyé.	1 Occult. (D.). Haut de Lune (D.).
Kouazzé	+ 6° 28' 21"				Périquet.	
Koubi	+ 9° 59' 21"		370		Bruel.	
Kouboï	+ 8° 13' 16"	12° 39' 34"			Dardignac.	
Koubourom (signal)	+ 13° 54' 09"	11° 48' 06"			Mission Tilho.	
Koudabila Boumbé (Confluent)	+ 4° 19' 16"	12° 43' 32"			Périquet.	
Kouëlé	»	9° 52' 45"			Voitoux.	
Kouféï (puits)	+ 14° 47' 25"	11° 01' 31"			Mission Tilho.	
Kouigoré	+ 6° 11' 05"	14° 01' 25"	732		Périquet.	
Kouilou	— 4° 28' 00"	9° 21' 00"			Carte marine.	
Koukaoua (pilier)	+ 12° 55' 36"	11° 13' 35"	249		Mailles, mission Tilho.	
Kouki (Békala)	+ 7° 09' 43"	14° 54' 30"	573		Périquet.	7 Occult. (P.).
Koukourou (22 mars 1903)	+ 7° 11' 45"	»			Gaud.	
Kouloua (centre poste)	+ 14° 14' 35"	11° 33' 17"	246	8° 48'	Mission Tilho.	
Kouloungalou	+ 7° 13' 38"	13° 52' 15"	794		Périquet.	
Koumbé I	+ 4° 19' 47"	13° 17' 45"			Périquet.	
Koumbé II	+ 4° 36' 18"	13° 55' 25"			Périquet.	
Koundé (Case chef)	+ 6° 03' 02"	12° 10' 24"	980	9° 36'	Mizon, Dardignac.	Occult. (D.).
Koundou Bakomala	+ 7° 54' 56"	14° 06' 30"	441		Périquet.	
Kouno	+ 9° 51' 31"	15° 22' 53"	330		Bruel.	
Kourbo	+ 8° 32' 52"	15° 34' 05"	385		Bruel.	
Kournaoua (250 m. W. du Puits)	+ 13° 57' 27"	10° 40' 18"			Mission Tilho.	
Kousseri	+ 12° 04' 40"	12° 41' 35"			Foureau, Dardignac, mission Tilho.	
Kroobo	+ 8° 02' 43"	17° 53' 33"	493		Bruel.	
Krouma	+ 5° 15' 49"	17° 04' 20"	420		Bruel.	
Kwana	+ 2° 17' 16"	«			Foërster.	

Points d'Observation	Latitude	Longitude	Altitude en mètres	Déclinaison	Noms des Observateurs	Observations
Laï	+ 9° 23′ 45″	13° 57′ 37″	379	7° 23′	Bruel, Périquet.	Occult (P.).
Lajua (R. D. en face du Village)	+ 9° 38′ 36″	11° 36′ 19″			Dardignac.	
Lambaréné (poste)	— 0° 42′ 17″	7° 52′ 04″		13° 09′	De Brazza, Bruel.	
Lamé	+ 9° 13′ 52″	12° 12′ 58″			Dardignac.	
Lamoko	+ 3° 46′ 15″	12° 56′ 54″			Périquet.	
Landana	— 5° 13′ 17″	9° 45′ 09″			Blim.	
Laouam Boghéta	+ 6° 18′ 07″	12° 46′ 45″	1.051		Périquet.	Occult. (P.).
Lara	+ 10° 10′ 45″	12° 10′ 15″			Georg.	
Lara (Poste)	+ 0° 22′ 20″	9° 07′ 12″	258		Dujour.	
Lastoursville	— 0° 48′ 15″	10° 25′ 30″	250	13° 11′	Rouvier.	
Lavoko	+ 5° 22′ 43″	»			Bruel.	
Lékéti	— 1° 35′ 50″	12° 39′ 00″		11° 27	Rouvier.	
Lemba ou Loemba	— 4° 50′ 00″	12° 15′ 00″	640		Rouvier.	
Lendoui	— 1° 57 13″		657		Mizon.	
Lepage (factorerie)	»	14° 01′ 38″			Bruel.	

Points d'Observation	Latitude	Longitude	Altitude en mètres	Déclinaison	Noms des Observateurs	Observations
Léré	+ 9° 39′ 23″	11° 53′ 27″	300		Delvoye, Dardignac.	Occult. (D.).
Leschour (Puits de l'E. dans la cuvette)	+ 14° 37′ 36″	12° 25′ 49″			Mission Tilho.	
Libanga	+ 4° 16′ 38″	»			Bruel.	
Liboumbi	+ 5° 06′ 06″		707		Mizon.	
Liboumbi (11 mars 1892)	+ 4° 44′ 53″		576	9° 36′	Mizon.	
Liboumbi (25 mars 1892)	+ 4° 05′ 25″		504	9° 36′	Mizon.	
Libreville (hôpital)	+ 0° 23′ 16″	7° 06′ 30″			Fougerousse.	
Lidjombo (300 m. en aval du confluent de la Nyoué)	+ 2° 41′ 29″	13° 45′ 37″			Périquet.	
Likouala Essoubi (Point A	»	15° 07′ 33″			Jobit.	
Id. (Point B)	»	15° 11′ 15″			Jobit.	
Id. (Point C)	— 0° 33′ 24″	15° 04′ 48″			Jobit.	
Id. (Point D)	+ 0° 28′ 42″	»			Jobit.	
Id. (Point E)	— 0° 01′ 11″	»			Jobit.	
Linzolo	— 4° 24′ 20″	12° 46′ 50″	377		Rouvier.	
Liouga	— 2° 20′ 14″	7° 47′ 05″			Blim.	
Loango	— 4° 38′ 25″	9° 29′ 04″	62	14° 43′	Rouvier.	
Loémé et Loukéréné (Confluent)	»	9° 54′ 25″			Voitoux.	
Logone (Extrémité Sud de Grande Ile	+ 11° 01′ 18″	12° 41′ 30″			Delvoye.	
Logone (5 kilom. aval de communication)	+ 10° 25′ 12″	12° 46′ 00″			Delvoye.	
Logone Gana	+ 11° 33′ 27″	12° 48′ 50″			Delvoye.	
Longo (Pointe)	— 3° 46′ 48″	6° 40′ 00″			Mizon.	
Lopé	— 0° 06′ 45″	9° 17′ 00″			Walker, Mizon.	
Lopez (cap)	— 0° 37′ 43″	6° 23′ 26″	14° 35′		Owen.	
Lopi	+ 2° 52′ 30″	14° 22′ 46″	414		Bruel.	
Loubet (factorerie)	+ 1° 59′ 08″				Engelhardt.	
Loudima Niadi	— 4° 06′ 40″	10° 44′ 30″	125	13° 54′	Rouvier.	
Loukoléla (belge)	— 1° 05′ 17″	14° 50′ 39″			Lemaire, Rouvier.	
Luali et Bilisi (confluent)	— 4° 34′ 24″	10° 15′ 20″			Dujour.	
Lutchenze	— 4° 46′ 44″	10° 26′ 17″			Blim.	
Luto	+ 7° 55′ 52″	16° 36′ 25″	413		Bruel.	

Points d'Observation	Latitude	Longitude	Altitude en mètres	Déclinaison	Noms des Observateurs	Observations
Mabam	+ 1° 47' 39"	9° 22' 45"	635		Michel.	
Mabaminiak	+ 2° 10' 18"	9° 16' 36"	640		Michel.	
Maboka	+ 2° 09' 45"		600		Michel.	
Maderem	+ 13° 34' 30"	12° 16' 18"			Foureau.	
Madjingo	+ 1° 23' 58"	11° 46' 18"			Dujour.	
Maka	+ 2° 09' 34"		560		Michel.	
Makabana	— 3° 26' 10"	10° 17' 40"	108	14° 30"	Rouvier.	
Makandjia	+ 4° 11' 50"	14° 27' 10"			Périquet.	
Makoua	0° 00' 00"	13° 25' 53"	359		Périquet.	
Malafa (camp)	+ 3° 11' 27"	14° 05' 07"			Bruel.	
Malgazé	+ 8° 13' 13"	17° 15' 02"	421		Bruel.	
Maloukou (Poste à bois)	»	13° 15' 00"			Bruel.	
Mambiri	+ 7° 40' 27"	»	424		Bruel.	
Mandongo	— 4° 21' 25"				Cervoni.	
Mandingo (Madingou)	— 4° 09' 20"	11° 13' 40"			Rouvier.	
Mandjafa	+ 11° 11' 28"	13° 05' 30"			Mailles.	
Maudjaï	+ 8° 16' 23"	13° 15' 05"			Georg.	
Mandji (Poste cap Lopez)	— 0° 41' 30"				Carte Pobéguin.	
Mandjibé	— 0° 37' 02"	8° 02' 57"			Bruel.	

Points d'Observation	Latitude	Longitude	Altitude en mètres	Déclinaison	Noms des Observateurs	Observations
Manguia	+ 1° 09' 09"	11° 26' 40"			Dujour.	
Mani (Poste)	+ 12° 43' 34"	12° 20' 52"			Mailles.	
Maniémé	— 4° 17' 10"				Wilmoës.	
Manjogo (Passe de Béalé)	— 0° 40' 07"				Mizon.	
Manyanga (Français)	— 4° 53' 38"	12° 03' 59"	312	14° 09'	Rouvier, Bruel.	
Mao	+ 14° 07' 41"	12° 58' 42"	245	8° 19'	Mission Tilho.	
Mara	+ 12° 13' 03"	12° 32' 12"		8° 31'	Foureau, Bruel.	
Marigots (les Trois) (Bougoumi)	+ 6° 45' 45"		506		Bruel.	
Marlou	+ 9° 00' 03"	13° 21' 04"	445		Bruel.	
Martin (Saint.). Mission	— 1° 40' 52"	8° 34' 30"			Bruel.	
Massabe	— 5° 02' 05"	9° 41' 16"			Voitoux.	
Massakory (centre poste)	+ 12° 59' 52"	13° 23' 22"	248		Mission Tilho.	
Massara (Banc de sable)	+ 11° 09' 29"	12° 42' 06"			Dardignac.	
Massiépa	+ 3° 43' 27"	»			Périquet.	
Matkaga	+ 9° 04' 49"	»	407		Bruel.	
Mattégou	+ 14° 06' 15"	11° 49' 12"			Mission Tilho.	
Matuč	+ 1° 58' 36"		600		Michel.	
Matuli	+ 2° 06' 11"		560		Michel.	
Mauvey (Poste)	+ 3° 49' 10"	12° 56' 11"			Périquet.	
Mauvey (Borne Sud)	+ 3° 41' 02"	12° 56' 11"			Périquet.	
Mauvey (route Yokodouma)	+ 3° 41' 54"	12° 55' 42'			Périquet.	
Mayama (chef)	— 3° 50' 10"	12° 33' 39"	342		Bruel.	
Mayo	+ 8° 14' 16"	15° 26' 22"	395		Bruel.	
Mayo Loué	+ 9° 57' 18"	11° 38' 21"			Dardignac.	
Mayombé	— 4° 12' 00"				Gussfeldt.	
Mbakana	+ 7° 56' 36"	12° 41' 43"			Dardignac.	
Mbala	+ 7° 05' 58"	17° 36' 39"	448		Bruel.	
Mbamba	— 4° 38' 35"	10° 40' 14"			Dujour.	
Mbami	+ 3° 59' 40"	12° 45' 16"	589		Périquet.	
Mbamou	— 4° 16' 40"	12° 32' 40"	409	14°20'	Bruel.	
Mbandi	+ 2° 06' 08"	»			Foërster.	
Mbaqueu	+ 8° 48' 17"	12° 41' 30"			Dardignac.	

Points d'Observation	Latitude	Longitude	Altitude en mètres	Déclinaison	Noms des Observateurs	Observations
Mbaya	+ 4° 16' 42"				Bruel.	
Mbendja	— 1° 57' 30"		619		Mizon.	
Mbéto	+ 0° 58' 14"	7° 32' 47"		12° 55'	Du Paty de Clam.	
Mbia	+ 2° 01' 07"				Michel.	
Mbia Baédoukou	+ 5° 33' 14"	25° 01' 04"	760		Cureau.	
Mbiali	+ 3° 40' 13"	12° 56' 57"			Périquet.	
Mbia Ndzoungou	+ 5° 39' 23"	25° 17' 39"			Cureau.	
Mbi' Eroubou (Sommet)	+ 5° 46' 10"	25° 10' 56"			Cureau.	
Mbima	+ 5° 49' 44"	24° 24' 57"			Cureau.	
Mbimi	+ 5° 34' 28"	25° 13' 46"			Cureau.	Haut. de Lune (C.).
Mbio (R. G. Ngoko)	+ 1° 57' 30"	13° 06' 25"	340		Michel.	
Mho (île Pointe Nord	+ 4° 37' 30"				Bruel.	
Mboko (village)	— 4° 47' 35"	12° 17' 50"	625		Bruel.	
Mboku Zengui	— 3° 53' 20"	10° 02' 00"			Rouvier.	
Mbomo Doumalaboumba	— 0° 48' 47"	10° 35' 35"			Mizon.	
Mbone	+ 3° 56' 49"	12° 47' 45"			Périquet.	
Mboté (confl. avec Medzia)	— 4° 12' 10"				Cervoni.	
Mboukou Nzao	— 4° 44' 49"	10° 10' 09"			Blim.	
Mbourao	+ 9° 50' 51"	12° 27' 39"			Dardignac.	
Mboutou (Wonogalé)	+ 6° 07' 11"	12° 39' 15"			Périquet.	
Mébégué	+ 9° 27' 07"	14° 09' 19"			Bruel, Mailles.	
Méchra er Rek	+ 8° 23' 20"	26° 59' 34"	395		Dyé.	
Medzia (Mission)	— 4° 11' 30"				Cervoni.	
Mène	+ 2° 01' 37"	14° 13' 16"	361		Bruel.	
Menkébé	+ 1° 46' 07"		490		Michel.	
Méniménirène	+ 13° 18' 12"	13° 09' 48"			Foureau.	

Points d'Observation	Latitude	Longitude	Altitude en mètres	Déclinaison	Noms des Observateurs	Observations
Méré (Bondowi)	+ 5° 32' 58"			13° 33"	Périquet.	
Merki	+ 10° 33' 24"	14° 35' 18"			Foureau.	
Métembé	+ 0° 58' 33"				Du Paty de Clam.	
Micocho (Ancien village)	— 0° 36' 46"				Mizon.	
Mihimbou	— 0° 24' 47"	13° 30' 13"	311		Périquet.	
Mikalié (Bokoué)	+ 0° 04' 45"	8° 01' 38"			Braouëzec.	
Mikoumo	— 0° 23' 32"	13° 30' 29"	305		Périquet.	
Miltou (Anc. poste allemand)	+ 10° 14' 01"	15° 09' 15"		13°33'	Mailles.	
Miltou (Camp Foureau, au nord de)	+ 10° 17' 42"	15° 06' 02"			Foureau.	
Minbikam	+ 1° 02' 18"	9° 08' 05"			Dujour.	
Mindouli (Mine)	— 4° 17' 22"	12° 00' 39"	490		Bruel.	
Minganga	+ 1° 39' 15"				Foërster.	
Minia Zendéré	+ 8° 10' 57"	18° 06' 48"	476		Bruel.	
Missa	+ 2° 09' 28"		610		Michel.	
Missoum Missoum	+ 2° 12' 13"		550		Michel.	
Mitani	— 1° 27' 10"	12° 48' 20"			Rouvier.	
Mobaye (Poste)	+ 4° 18' 30"	18° 49' 57"	404		Dyé, Bruel.	1 Occult. (D.).
Mobendjélé (Entrée du Canal)	+ 0° 54' 18"	»			Dolisie.	
Mobou	+ 9° 55' 39"	14° 24' 40"			Mailles.	
Mocossé	— 1° 12' 20"	12° 55' 20"			Rouvier.	
Modzaka	— 1° 47' 15"	15° 41' 59"			Bruel.	
Mofudeï	+ 9° 54' 39"	12° 51' 36"			Dardignac.	
Mogouma (Point sur la Bailly à 11 kilom. au N. de)	+ 1° 01' 50"	»			Jobit.	
Mogouma		14° 55' 01"			Jobit.	
Mokassa	+ 8° 02' 45"	14° 57' 43"			Périquet.	
Mokélo	+ 3° 45' 40"	13° 41' 30"			Périquet.	
Mokumbi	— 4° 40' 30"	11° 40' 50"		14° 12	Rouvier.	
Mokumunu (Confl. vec Ngoko)	+ 1° 56' 40"	13° 00' 25"	340		Michel.	
Moïlo (N. de mare)	+ 13° 50' 14"	12° 32' 20"			Mission Tilho.	
Moïssala	+ 8° 18' 30"	15° 21' 43"	410		Périquet.	
Molaye (Factorerie)	+ 3° 58' 57"	12° 49' 11"			Georg, Périquet.	

Points d'Observation	Latitude	Longitude	Altitude en mètres	Déclinaison	Noms des Observateurs	Observations
Molongo	+ 2° 27' 10"	13° 44' 35"			Husson, Bruel.	
Molongo (Plaine)	+ 0° 36' 06"	13° 29' 31"	430		Périquet.	
Moloundou	+ 2° 02' 50"	12° 50' 05"			Cureau.	
Moloye	+ 0° 47' 52"	13° 14' 42"	405		Périquet.	
Momboli	+ 3° 07' 50"	13° 25' 49"			Périquet.	
Mommo (Ile). Signal Kadé	+ 13° 23' 27"	12° 09' 10"	244		Mission Tilho.	
Mouri (Factorerie)	+ 5° 28' 51"	12° 19' 21"	950		Mailles.	
Mondéko	+ 0° 35' 24"	13° 34' 02"	464		Périquet	
Mondo (370 m. au Sud, 31° Est du Centre)	+ 13° 46' 38"	13° 12' 21"	276		Mission Tilho.	
Mongo	— 0° 55' 40"	14° 51' 00"			Rouvier.	
Mongobé (Ancien village)	— 0° 49' 47"					
Mongoudou	+ 2° 28' 00"				Dolisie.	
Mongoumba (Factorerie)		16° 14' 59"			Bruel.	
Mongounga (ancien)	+ 3° 27' 26"	13° 14' 17"			Périquet.	
Mopenzellé	+ 0° 54' 06"				Rouvier.	
Mopoko (Pointe Sud Ile)	— 1° 18' 22"	10° 58' 30"	282		Mizon, Rouvier.	
Mossaka (Factorerie)	»	14° 29' 48"			Bruel.	
Motombi	— 1° 17' 42"				Bruel.	
Mouba	+ 9° 57' 31"		373		Bruel.	
Moudemba	— 0° 51' 02"				Bruel.	
Mouila (Poste)	— 1° 52' 08"	8° 40' 35"	103	13° 42'	Mizon.	
Moumbanda	— 4° 26' 05"	12° 07' 32"	513		Bruel.	
Moull (Puits)	+ 15° 03' 20"	10° 57' 23"			Mission Tilho.	
Moundy (Confluent sur la Nioye)	+ 6° 49' 49"	13° 22' 30"			Périquet.	
Moundy	+ 6° 49' 33"	13° 17' 00"			Périquet.	
Mountaka (650 m. au S. de la Source)	— 4° 26' 40"				Wilmoës.	
Moussenango (confl. avec Medzia)	— 4° 09' 08"				Cervoni.	
Moussimédé	+ 8° 29' 39"	15° 21' 58"	376		Périquet.	
Movouli	— 3° 57' 48"	13° 00' 21"	462		Périquet.	
Mpando	— 1° 43' 00"				Carte Pobéguin.	
Mpéla	— 4° 51' 24"				Blim.	
Mpombo	— 1° 20' 30"	14° 00' 29"		11° 50'	Rouvier.	
Mpouya (Factorerie)	— 2° 37' 25"	13° 53' 37"			Bruel.	
Msouata	— 3° 22' 27"	13° 54' 25"			Lemaire.	
Muyanga	— 4° 36' 40"	11° 39' 40"			Rouvier.	
Mvine	+ 1° 25' 28"	10° 54' 17"			Dujour.	
Mvong	+ 1° 00' 30"	7° 39' 55"			De Parceval.	
Mvoui	+ 1° 55' 38"		530		Michel.	
Nadili	+ 8° 16' 21"	16° 16' 57"	424		Bruel.	
Nagossi (Factorerie)	— 1° 12' 32"	8° 16' 05"	57		Bruel.	
Nakoutasobé	+ 7° 54' 58"	13° 56' 00"	485		Périquet.	
Nakoumbou	+ 3° 47' 13"	»			Engelhardt.	
Nakoundak Bouday	+ 5° 56' 28"	12° 44' 40"	1.020		Périquet.	
Nambouli	— 2° 35' 29"	12° 58' 34"	382		Périquet.	
Nana (Factorerie)	+ 5° 00' 40"	»			Périquet.	
Nana (Source)	+ 6° 38' 23"	12° 54' 15"			Périquet.	
Nana A	+ 6° 36' 40"	16° 41' 24"	494	8° 45'	Gentil, Bruel.	
Nana C	+ 6° 33' 02"	16° 42' 59"	516	8° 41'	Bruel.	
Nasia	+ 8° 49' 55"	14° 27' 20"			Périquet.	

Points d'Observation	Latitude	Longitude	Altitude en mètres	Déclinaison	Noms des Observateurs	Observations
Ncando	— 3° 01′ 22″	10 30′ 43″	443		Mizon.	
Nconi (Pont sur la Duellé)	— 1° 33′ 50″				Mizon.	
Ncoussa	— 2° 28′ 41″	7° 27′ 57″			Blim.	
Ndama	+ 1° 59′ 30″	9° 13′ 10″	620		Michel.	
Ndaudé	+ 8° 41′ 42″	17° 57′ 11″			Bruel.	
Ndélé	+ 8° 23′ 41″	18° 19′ 24″	671	7° 10′	Bruel.	
Ndemba (Boudou)	+ 1° 05′ 06″	13° 25′ 19″	397	9° 58′	Périquet.	
Ndio	»	17° 30′ 47″			Bruel.	
Ndjolé (Poste)	— 0° 10′ 50″	8° 24′ 51″		13° 14′	Bruel.	
Ndobo	+ 4° 33′ 55″	15° 54′ 27″	360		Bruel.	
Ndombo	+ 0° 56′ 00″	7° 14′ 00″	350		Carte marine n° 3037.	
Ndongo	+ 2° 09′ 28″	12° 15′ 50″			Michel.	
Ndoum	+ 2° 14′ 31″	»			Foërster.	
Ndour (Mont)	+ 6° 00′ 35″	25° 19′ 52″			Cureau.	
Ndraye	+ 9° 34′ 00″	13° 48′ 06″			Mailles.	
Ndzimou	+ 1° 58′ 18″	13° 43′ 15″			Cureau.	
Néguéleoua	+ 13° 31′ 36″	12° 05′ 30″			Foureau.	
Néné	+ 4° 16′ 24″				Bruel.	
Ngadi	— 1° 47′ 36″	10° 49′ 32″			Mizon.	
Ngantchou	— 3° 17′ 03″	13° 52′ 30″		12° 52′	Ballay, Rouvier.	
Ngaoundéré	+ 7° 19′ 19″	11° 19′ 05″	1.062	8° 32′	Mizon.	
Ngaya	— 1° 35′ 40″		500		Rouvier.	
Nghémé	— 0° 54′ 00″	10° 24′ 50″			De Brazza.	
Ngoila	+ 2° 00′ 53″	12° 33′ 17″	350		Dujour, Michel.	
Ngoko (Ile). Pointe amont de 2 Iles	+ 2° 05′ 36″				Michel.	
Ngolom (Centre)	+ 14° 08′ 50″	11° 34′ 50″	246		Mission Tilho.	

Points d'Observation	Latitude	Longitude	Altitude en mètres	Déclinaison	Noms des Observateurs	Observations
Ngombako (Ancien)	+ 3° 08′ 40″	13° 27′ 41″			Périquet.	
Ngombako (Factorerie)	+ 3° 10′ 29″				Georg.	
Ngombi	— 1° 52′ 20″				Carte Pobéguin.	
Ngomi	+ 7° 42′ 45″	12° 51′ 13″			Dardignac.	
Ngomo	»	7° 42′ 09″			Bruel.	
Ngouachobo	+ 4° 26′ 00″				Gentil.	
Ngong (Ancien village)	+ 2° 09′ 34″		545		Michel.	
Ngongo	+ 2° 02′ 20″		440		Michel.	
Ngorea (Ile). Signal	+ 13° 22′ 48″	11° 48′ 59″	244		Mission Tilho.	
Ngorodougou (Mouillage 1904)	+ 14° 20′ 28″	11° 15′ 10″			Mission Tilho.	
Ngotou	— 4° 11′ 40″	9° 41′ 55″		14° 37′	Rouvier.	
Ngoufourou	+ 4° 44′ 00″	21° 11′ 18″			Dyé.	
Ngoukou	+ 3° 51′ 21″				Périquet.	
Ngoukou	+ 1° 25′ 46″	13° 31′ 58″	408		Périquet.	
Ngoum (Puits du centre cuvette)	+ 14° 29′ 35″	12° 07′ 38″			Mission Tilho.	
Ngouri (Centre poste)	+ 13° 38′ 28″	13° 01′ 42″	264		Mission Tilho.	
Ngoyo	— 4° 49′ 50″	12° 06′ 40″	275		Rouvier.	
Ngrou (Diama)	+ 7° 00′ 01″	17° 15′ 40″	484		Bruel.	
Nguia	— 1° 29′ 30″	11° 37′ 15″			Rouvier.	
Nguigmi (100 m. E. du poste)	+ 14° 15′ 31″	10° 46′ 38″	246	9° 01′	Tilho.	
Nguilili	+ 2° 10′ 11″				Foërster.	
Nguilimi (Centre du village abandonné)	+ 13° 45′ 11″	11° 48′ 44″			Mission Tilho.	
Nguiminang	+ 2° 13′ 49″		615		Michel.	
Niali	— 4° 59′ 52″	10° 15′ 21″			Blim.	
Niamanatchoué				11° 12′	Mizon.	
Niamandjork	+ 2° 11′ 07″		550		Michel.	
Niébero		15° 58′ 04″			Bruel.	
Niellé (Nord de)	+ 10° 10′ 30″	15° 12′ 52″			Foureau.	
Niellim (Sud-Est de). Camp du 30 avril 1900	+ 9° 41′ 06″	15° 31′ 58″			Foureau.	
Ningué Ningué (Mouillage N.-N.-O. de l'Ile)	+ 0° 08′ 50″	7° 47′ 40″			Serv. hydrogr.	
Nioye (Source)	+ 6° 37′ 17″				Périquet.	

Points d'Observation	Latitude	Longitude	Altitude en mètres	Déclinaison	Noms des Observateurs	Observations
Nioye	+ 6° 45' 23"	13° 20' 30"			Périquet.	
Nioye (Bord route de Yadé)	+ 6° 42' 02"	13° 14' 30"	992		Périquet.	
Niongo	− 1° 09' 00"	7° 03' 00"			Aymes.	
Njembé	+ 2° 01' 45"				Foërster.	
Nkéni (Poste riv.)	− 1° 53' 40"	13° 54' 20"			Rouvier.	
Nkoebé	+ 2° 10' 59"		600		Michel.	
Nkoula Mando	− 4° 35' 00"	9° 51' 21"			Voitoux, Blim.	
Nkounda (Factorerie Alimaïenne)		14° 21' 12"			Bruel.	
Nkoundja	− 0° 08' 40"	15° 22' 00"		10° 58'	Dolisie, Rouvier.	
Nkyé	− 2° 03' 50"	12° 56' 56"	316		Périquet.	
Nola	+ 3° 31' 17"	13° 42' 39"	411	8° 54'	Mizon, Dardignac, Périquet, Bruel, Foërster.	Occult. (P.).
Nsang	+ 1° 10' 08"	10° 00' 56"	407		Dujour.	
Nsong Mokara	+ 2° 09' 04"		610		Michel.	
Nsyé	+ 1° 04' 04"	10° 43' 01"			Dujour.	
Ntam (N. Aïna)	+ 2° 14' 49"	10° 16' 00"			Foërster.	
Ntam	+ 2° 09' 10"	11° 20' 00"	540		Michel.	
Ntongo	− 1° 23' 30"	14° 02' 42"			Rouvier.	
Nyanga	− 2° 59' 01"	7° 54' 00"			Carte Pobéguin.	
Nyongo	− 2° 03' 58"		719		Mizon.	
Nyoué A	+ 2° 50' 39"	13° 46' 22"			Périquet.	
Nyoué (Borne-frontière)	+ 3° 05' 57"	13° 27' 41"			Périquet.	
Nzami	+ 4° 29' 00"				Gentil.	
Nzembé (Confluent avec la Ouahm)	+ 6° 52' 42"	15° 19' 00"	500		Périquet.	
Nzeurk ou Nzork	+ 0° 54' 23"	9° 04' 59"	482		Dujour.	
Nzokopia (R. G. Ngoko)	+ 2° 05' 52"	12° 32' 00"	360		Michel.	

Points d'Observation	Latitude	Longitude	Altitude en mètres	Déclinaison	Noms des Observateurs	Observations
Nzomo (Bougourta)	+ 4° 49' 22"	14° 13' 45"			Périquet.	
Nzondé	− 4° 48' 45"	9° 52' 30"			Dujour.	
Odoumia	+ 7° 48' 54"				Périquet.	
Okoyo	− 1° 27' 54"	12° 48' 43"	328		Périquet.	
Olanga	+ 0° 11' 38"	13° 43' 40"	420		Périquet.	
Olendé	− 1° 41' 12"	10° 52' 32"	430		Mizon.	
Our	+ 9° 59' 42"	14° 52' 40"			Mailles.	
Omvan ou Amvam	+ 1° 11' 28"	9° 37' 27"	452		Dujour.	
Opiké	− 0° 56' 50"	13° 19' 57"			Rouvier.	
Orovi	− 1° 02' 00"				Aymes.	
Osiendo	+ 0° 07' 10"	13° 31' 16"	388		Périquet.	
Osioni	+ 0° 08' 40"	13° 40' 23"	397		Périquet.	
Ota	− 1° 38' 35"		490		Rouvier.	
Ouadda	+ 4° 57' 02"	16° 45' 45"			Dyé.	
Ouaga	+ 6° 14' 26"	14° 49' 20"			Périquet.	
Ouahm (Source)	+ 6° 15' 28"	13° 02' 15"			Périquet.	

Points d'Observation	Latitude	Longitude	Altitude en mètres	Déclinaison	Noms des Observateurs	Observations
Ouahm (Poste)	+ 6° 29' 47"	15° 13' 20"			Périquet.	
Ouanda	+ 13° 30' 19"	12° 06' 42"	246		Mission Tilho.	
Ouango Mbomou (Poste de 1897)	+ 4° 19' 00"	20° 11' 41"	445		Cureau, Dyé	Haut. Lune (C.). 1 Occult. (D.).
Ouantounou	+ 7° 14' 11"	12° 56' 07"	1.041	10°18'	Mailles.	
Ouesso (Poste	+ 1° 37' 11"	13° 43' 10"	350		Cureau, Michel. Périquet, Bruel.	
Oulmadé (Dagne)	+ 8° 52' 00"				Georg.	
Ourcï (Puits)	+ 14° 48' 31"	11° 37' 45"			Mission Tilho.	
Ovendo (Pointe	+ 0° 16' 45"	7° 10' 15"		147°14'	Serv. hydrogr.	
Palla	+ 9° 20' 52"	12° 40' 13"			Georg.	
Palmiers (Les deux)	+ 10° 28' 35"	12° 53' 40"			Dardignac.	
Pamia	+ 6° 58' 50"	17° 13' 18"	484		Bruel.	
Pan	+ 9° 41' 32"	14° 25' 45"			Bruel.	
Pana	+ 7° 13' 12"				Périquet.	
Pangala (Poste)	— 3° 19' 30"	12° 14' 54"	513		Bruel.	
Pann	+ 6° 53' 31"	12° 27' 21"			Mailles.	
Pébo	+ 8° 04' 47"	16° 11' 21"	440		Bruel.	
Pembé	+ 1° 14' 03"	14° 10' 49"			Jobit.	
Péni	+ 8° 47' 19"	14° 58' 59"	412		Bruel.	
Pensama	+ 7° 39' 19"	12° 59' 10"	609		Dardignac.	
Petit Denis (Morne du)	+ 0° 13' 47"	7° 03' 02"		13° 30'	Serv. hydrogr.	

Points d'Observation	Latitude	Longitude	Altitude en mètres	Déclinaison	Noms des Observateurs	Observations
Piconda	»	14° 10' 09"			Bruel.	
Pikara	+ 3° 52' 03"	16° 13' 57"			Bruel.	
Pilier A (Nord Ndzimou)	+ 1° 59' 58"		355		Michel.	
— B (route Ngongo-Sambambo)	+ 1° 59' 59"		380		Michel.	Haut. de Lune (M.).
— C (Village de Mingolo)	+ 2° 00' 03"	13° 12' 55"	420		Michel.	
— 1	+ 2° 10' 20"	12° 15' 20"	360		Michel.	
— 2	+ 2° 09' 44"		375		Michel.	
— 3	+ 2° 10' 12"		475		Michel.	
— 4	+ 2° 09' 54"		680		Michel.	
— 5	+ 2° 10' 18"	11° 51' 15"	650		Michel.	Haut. de Lune (M.).
— 6	+ 2° 10' 20"		610		Michel.	
— 7	+ 2° 10' 22"		530		Michel.	
— 8	+ 2° 10' 22"		525		Michel.	
— 9	+ 2° 10' 19"		540		Michel.	
— 10	+ 2° 10' 18"		530		Michel.	
— 11	+ 2° 10' 22"		540		Michel.	
— 12	+ 2° 09' 57"		545		Michel.	
— 14	+ 2° 10' 20"	10° 44' 00"	595	11° 37'	Michel.	
— 15	+ 2° 10' 21"		610		Michel.	
— 16	+ 2° 10' 22"		600		Michel.	
— 17	+ 2° 10' 26"	10° 06' 35"	590		Michel.	
— 18	+ 2° 10' 21"	9° 50' 10"	595		Michel.	
— 19	+ 2° 10' 20"		610		Michel.	
— 20	+ 2° 09' 58"	9° 35' 10"	580		Michel.	
— 21	+ 2° 10' 23"	9° 25' 20"	610		Michel.	
— 22 (Mabaminiak)	+ 2° 10' 19"	9° 16' 35"	640		Michel.	
— 23	+ 2° 10' 30"	9° 07' 35"	610		Michel.	
— 24	+ 2° 10' 15"	9° 00' 25"	570	12° 11'	Michel	Haut. de Lune (M.).
— 25	+ 2° 10' 18"		600		Michel.	
Pimi	+ 9° 59' 58"	13° 11' 13"			Dardignac.	
Pindi (Embouchure)	+ 6° 51' 43"	16° 57' 29"			Bruel.	
Pingo (Village)	— 1° 18' 29"	8° 35' 02"	250		Bruel.	

Points d'Observation	Latitude	Longitude	Altitude en mètres	Déclinaison	Noms des Observateurs	Observations
Pingué	+ 4° 26′ 09″				Bruel.	
Pogou	+ 12° 59′ 09″	11° 24′ 08″			Tilho.	
Point A (25 mars)		15° 10′ 21″			Jobit.	
Point B (28 mars)		15° 14′ 36″			Jobit.	
Point C (31 mars)		15° 07′ 46″			Jobit.	
Pongara (Pointe)	+ 0° 21′ 20″	7° 00′ 50″			Fleuriot de Langle, carte Pobéguin.	
Pouma Karé	+ 7° 09′ 15″	13° 44′ 01″	833		Périquet.	
Pourqueriom (Puits à l'W. du vill. aband.)	+ 13° 57′ 50″	11° 09′ 36″	245		Mission Tilho.	
Prince (N.-O. baie de)	— 0° 36′ 12″	6° 23′ 50″			Du Paty de Clam.	
Rabet	+ 6° 25′ 20″	22° 55′ 30″	640		Cureau.	
Rafaï (Ancien poste de 1897)	+ 4° 58′ 59″	21° 41′ 02″	638		Cureau, Dyé.	Haut. Lune (C.).
Rapides (Poste)	+ 6° 51′ 40″	25° 40′ 00″			Dyé.	1 occult. (D.).
Rébulard	+ 1° 13′ 47″	10° 53′ 23″			Dujour.	
Rembio (Confluent avec Bokon)	+ 5° 39′ 26″	24° 42′ 47″			Dyé.	
Rémélé (190 m. au N. 56 E. du puits le plus au Nord)	+ 13° 49′ 28″	13° 58′ 27″	254		Mission Tilho.	

Points d'Observation	Latitude	Longitude	Altitude en mètres	Déclinaison	Noms des Observateurs	Observations
Renéville (Mine près du Djoué)	— 3° 59′ 03″	12° 28′ 07″	435		Bruel.	
Rinda Béka	+ 5° 32′ 23″	24° 11′ 50″			Cureau.	Haut. Lune (C.).
Saint-François (Mission de), ou Boundji	— 1° 02′ 57″	13° 07′ 33″	324	11° 46′	Périquet.	
Sainte-Famille des Banziri	+ 5° 05′ 48″	17° 03′ 00″	396		Bruel.	
Salo (R. G.)	+ 3° 11′ 01″	13° 43′ 15″			Foërster, Bruel.	
Sambambo	+ 1° 55′ 19″				Foërster.	
Samia	+ 13° 29′ 03″	11° 56′ 28″	245		Mission Tilho.	
Samquita		8° 11′ 04″		13° 05′	De Brazza.	
Sanda	+ 5° 17′ 01″				Périquet.	
Sangatanga	— 0° 33′ 00″				Carte Pobéguin.	
Sapou (Riv. du Mambili)	+ 0° 15′ 57″	13° 46′ 58″	407		Périquet.	
Sébé (Emb.)	— 1° 03′ 00″	10° 46′ 00″		12° 52′	Mizon, de Brazza, Périquet.	
Sémapou	+ 5° 10′ 01″	17° 14′ 21″	414		Bruel.	
Sembé	+ 1° 39′ 24″	12° 13′ 55″			Dujour.	
Séménou	+ 6° 57′ 04″	13° 36′ 30″	876		Périquet.	
Setté Kama	— 2° 31′ 58″	7° 21′ 58″			Blim.	
Seyorom	+ 13° 07′ 03″	11° 31′ 04″			Tilho, Mailles.	
Seyorom (Ile). Signal	+ 13° 16′ 14″	11° 48′ 08″	244		Mission Tilho.	
Sinangba	+ 5° 44′ 08″	23° 36′ 35″	670		Cureau, Dyé.	
Sindara (Poste)	— 1° 02′ 17″	8° 19′ 27″			Bruel.	Haut. Lune (C.).
Sinzambi (ou Zinzambi)	— 3° 31′ 40″	10° 18′ 50″		12° 57′	Rouvier.	
Sombobilo	+ 1° 10′ 54″	13° 31′ 36″			Périquet.	
Soueï	+ 10° 01′ 41″	12° 24′ 28″			Dardignac.	
Soué (Barrage)	+ 7° 05′ 11″				Dyé.	
Souka	+ 5° 48′ 02″	12° 18′ 12″			Dardignac.	
Soumkaïn	+ 10° 00′ 37″	12° 49′ 34″			Dardignac.	
Soundi	— 4° 27′ 50″	12° 39′ 58″	410		Bruel.	
Station 15° (Grenwich)	+ 1° 59′ 11″	12° 41′ 15″			Cureau.	Haut. de Lune 70 (C.).
Suanké ou Suangué	+ 2° 03′ 55″		530	10° 58′	Michel.	
Suolou	+ 14° 07′ 42″				Foureau.	

Points d'Observation	Latitude	Longitude	Altitude en mètres	Déclinaison	Noms des Observateurs	Observations
Tabila	+ 8° 28′ 43″	13° 36′ 00″			Georg.	
Tadidno	+ 8° 10′ 56″	14° 54′ 43″			Périquet.	
Tadjama	+ 6° 47′ 12″	13° 55′ 45″			Périquet.	
Tambaye	+ 9° 03′ 16″	14° 10′ 00″			Périquet.	
Tamboura	+ 5° 35′ 26″	25° 02′ 00″	622		Cureau, Dyé.	3 occult. (C.).
Tamma	÷ 3° 21′ 00″	13° 25′ 38″			Périquet.	
Tangui	— 4° 41′ 30″	12° 32′ 40″			Rouvier.	
Tari	+ 7° 00′ 22″	14° 16′ 20″			Périquet.	
Tchakasséré (Soua)	+ 9° 19′ 10″	13° 45′ 57″			Georg.	
Tchatibali	+ 10° 02′ 10″	12° 34′ 37″			Dardignac.	
Tchiaguen	+ 10° 02′ 33″	13° 59′ 51″			Mailles.	
Tchiari	— 4° 34′ 55″	12° 19′ 20″	560		Bruel.	
Tchoumbiri (Mission)	— 2° 38′ 38″	13° 54′ 58″	466		Lemaire, Bruel.	
Tékévéré	+ 7° 46′ 53″	17° 38′ 06″			Bruel.	
Tenezet	+ 9° 35′ 03″	12° 49′ 46″			Georg.	
Tergounaoua	+ 13° 42′ 30″	11° 55′ 48″			Foureau.	
Thalbé	+ 9° 27′ 48″	15° 45′ 58″			Foureau.	
Tiboundi (Coude R. G. Ngoko, à l'O. du village)	+ 1° 57′ 29″				Foërster.	
Tideng	+ 10° 55′ 14″	13° 18′ 51″			Bruel.	
Tiembokou	— 4° 17′ 00″	12° 19′ 09″	466		Bruel.	

Points d'Observation	Latitude	Longitude	Altitude en mètres	Déclinaison	Noms des Observateurs	Observations
Tikem	+ 9° 48′ 35″	12° 43′ 21″			Georg.	
Tingaga	+ 13° 01′ 06″				Foureau.	
Titiounga	— 4° 16′ 35″				Cervoni.	
Togbao		12° 32′ 00″			Bruel.	
Toro doum	+ 16° 30′ 18″	11° 15′ 48″	189	7° 45′	Mission Tilho.	
Touktuo	+ 5° 12′ 00″				Périquet.	
Toumbouia	+ 6° 16′ 34″				Georg.	
Tourda (75 m. au N., 56 E. du puits le plus à l'E.)	+ 13° 11′ 20″	14° 19′ 44″	262		Mission Tilho.	
Toyn	+ 7° 38′ 48″	14° 03′ 15″	482		Périquet.	
Tseloum	+ 13° 31′ 36″	10° 35′ 00″			Foureau.	
Ungourras	+ 6° 07′ 29″	16° 53′ 34″	518	7° 31′	Bruel.	
Viel	+ 1° 21′ 01″	11° 26′ 41″	399		Dujour.	
Voka I (1901)	+ 7° 05′ 45″		468		Bruel.	
Voka II (1904)	+ 7° 07′ 16″	16° 56′ 24″	480		Bruel.	
Voulankoum	+ 1° 12′ 45″	10° 25′ 00″			Dujour.	
Vounga	+ 6° 05′ 43″	16° 59′ 26″	548		Bruel.	
Voungba	+ 5° 27′ 13″	16° 18′ 17″	475		Bruel.	
Wambirou (Niémélé)	+ 3° 41′ 16″	13° 49′ 30″			Périquet.	
Waou (Confluent avec Soué)	+ 7° 40′ 47″	25° 45′ 28″			Dyé.	
Wassili Mbakolé	+ 7° 06′ 04″		765		Périquet.	
Wilhelmine (R. G. Ngoko. Anc. fact.)	+ 1° 56′ 37″	13° 15′ 00″			Cureau.	
Wogo (Bekogo)	+ 7° 30′ 00″	14° 52′ 12″	514		Périquet.	
Woleu				11°	Michel.	
Woudi	+ 14° 06′ 48″	10° 38′ 18″			Foureau.	
Woula (confluent avec Mbomou)	+ 5° 50′ 01″	22° 10′ 00″	575		Cureau, Dyé.	
Wourou Tadiri	+ 6° 27′ 05″	13° 12′ 30″			Périquet.	

Points d'Observation	Latitude	Longitude	Altitude en mètres	Déclinaison	Noms des Observateurs	Observations
Yacoundé	+ 7° 04′ 20″	12° 42′ 58″			Mailles.	
Yacoundé Colouné	+ 6° 58′ 05″	13° 15′ 45″	1.184		Périquet.	Occult. (P.).
Yadé	— 6° 54′ 20″	13° 12′ 15″			Périquet.	Occult. (P.).
Yadé (Route de). Sommet du plateau	+ 6° 36′ 43″	13° 15′ 20″			Périquet.	
Yagoua	+ 3° 55′ 23″	14° 25′ 50″			Périquet.	
Yakoli	»	16° 12′ 37″			Bruel.	
Yakoma Marékessi	+ 7° 00′ 00″	13° 43′ 40″	833		Périquet.	
Yamba (Sommet N.-E.)	+ 7° 50′ 15″	23° 32′ 32″			Cureau.	
Yamba (Sommet S.-E.)	+ 7° 49′ 22″	23° 31′ 54″			Cureau.	
Yamono (Riv.)	+ 3° 38′ 49″	14° 16′ 00″			Périquet.	
Yanga Baki	+ 1° 44′ 22″	14° 02′ 25″			Bruel.	
Yanga Yanga	— 4° 47′ 10″	11° 54′ 50″	400		Rouvier.	
Yangha (Ngombé)	+ 4° 58′ 40″	14° 01′ 30″			Périquet.	
Yangouday	+ 7° 06′ 20″	13° 49′ 45″	736		Périquet.	
Yannon	+ 5° 52′ 40″	13° 08′ 34″			Dardignac.	
Yao (150 m. au Sud, 37° Est du rocher)	+ 12° 51′ 16″	15° 14′ 01″	266		Mission Tilho.	
Yaoujia	+ 3° 25′ 30″				Georg.	
Yara (près Nguigmi)	+ 14° 17′ 06″	10° 46′ 12″			Foureau.	
Yenghé (Chute Campo)	+ 2° 13′ 38″	7° 31′ 15″			Cureau.	
Yo (Campement)	+ 13° 33′ 22″	10° 53′ 52″			Mission Tilho.	
Yobbée (Embouchure)	+ 2° 59′ 57″				Bruel.	
Yobbo (Confluent avec Soué)	+ 5° 59′ 43″	25° 30′ 00″	570		Cureau, Dyé.	
Yola	+ 9° 12′ 30″	10° 09′ 36″	238	8° 15′	Mizon.	Occult. (M.).
Yombé	— 4° 40′ 15″	10° 02′ 00″			Dujour.	
Youbi	— 1° 53′ 58″	10° 49′ 52″	532		Mizon.	
Youé	+ 9° 54′ 28″	12° 35′ 12″			Dardignac.	
Yougou	+ 7° 29′ 30″				Gaud.	
Youmba	+ 0° 29′ 10″				Rouvier.	
Youmba (Point E. au Nord de)	— 0° 01′ 11″				Jobit.	
Youmba (Point B. au Nord de)		15° 11′ 15″			Jobit.	
Yumba (Camp)	— 1° 53′ 26″	13° 53′ 25″			Lemaire.	
Zafiri	+ 9° 50′ 36″	11° 59′ 45″			Delvoye.	
Zambissi	— 3° 38′ 20″	10° 25′ 15″			Rouvier.	
Zangadi	+ 9° 00′ 55″	12° 29′ 48″			Dardignac.	
Zaouro Combo	+ 6° 24′ 38″	12° 23′ 30″			Dardignac.	
Zaouro Go	+ 5° 59′ 20″	12° 42′ 28″			Dardignac.	
Zaouro Mboné I	+ 6° 22′ 11″	12° 20′ 15″			Mailles.	
Zaouro Mboné II	+ 7° 07′ 43″	12° 49′ 42″	1.020		Mailles.	Occult. (M.).
Zaouro No	+ 6° 09′ 22″	12° 38′ 06″			Dardignac.	
Zaourou Bouday (Mboné)	+ 5° 57′ 29″	12° 43′ 50″	950		Périquet.	
Zaourou Dana (Mbéré)	+ 4° 59′ 56″	13° 46′ 30″			Périquet.	
Zaourou Méra	+ 4° 00′ 00″	13° 39′ 45″			Périquet.	Occult. (P.).
Zaourou Nyem	+ 6° 16′ 36″	12° 55′ 15″			Périquet.	
Zaourou Yangha	+ 4° 58′ 40″	14° 01′ 30″			Périquet.	
Zaraga	+ 7° 06′ 24″				Dujour.	
Zémio	+ 5° 01′ 50″	22° 48′ 20″	634		Cureau, Dyé.	3 occult. (C.). 1 occult. (D.).
Zigueï (200 m. à l'Est du poste)	+ 14° 43′ 10″	13° 27′ 39″	322	8° 06′	Mission Tilho.	
Zilengoma	— 3° 42′ 45″	10° 32′ 50″	190	14° 06′	Rouvier.	
Zoukora	+ 6° 03′ 03″		880		Périquet.